250 Keywords Bankwirtschaft

Springer Fachmedien Wiesbaden GmbH
(Hrsg.)

250 Keywords Bankwirtschaft

Grundwissen für Fach-
und Führungskräfte

2., aktualisierte Auflage

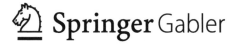 Springer Gabler

Hrsg.
Springer Fachmedien Wiesbaden GmbH
Wiesbaden, Deutschland

ISBN 978-3-658-23657-1   ISBN 978-3-658-23658-8   (eBook)
https://doi.org/10.1007/978-3-658-23658-8

Die Deutsche Nationalbibliothek verzeichnet diese Publikation in der Deutschen National-
bibliografie; detaillierte bibliografische Daten sind im Internet über http://dnb.d-nb.de abrufbar.

Springer Gabler ist ein Imprint der eingetragenen Gesellschaft Springer Fachmedien Wiesbaden GmbH
und ist ein Teil von Springer Nature
Die Anschrift der Gesellschaft ist: Abraham-Lincoln-Str. 46, 65189 Wiesbaden, Germany

Autorenverzeichnis

Prof. Dr. Jörn Altmann

ESB Business School, Reutlingen University, Reutlingen,
Themengebiet: Außenhandelsfinanzierung

Prof. Dr. Oliver Budzinski

University of Southern Denmark, Esbjerg,
Themengebiet: Geldpolitik und -theorie

Frank Gessner

Commerzbank AG, Düsseldorf,
Themengebiet: Auslandsgeschäft in Banken

Jochen Metzger

Deutsche Bundesbank, Frankfurt am Main,
Themengebiet: Zahlungsverkehr

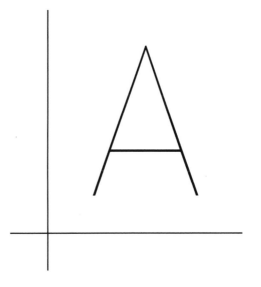

© Springer Fachmedien Wiesbaden GmbH, ein Teil von Springer Nature 2019
Springer Fachmedien Wiesbaden (Hrsg.), *250 Keywords Bankwirtschaft*,
https://doi.org/10.1007/978-3-658-23658-8_1

Abrechnungsverkehr

Planmäßiger und periodischer Ausgleich von gegenseitigen Forderungen der Kreditinstitute durch multilaterale Aufrechnung (Skontration) und Regulierung der verbleibenden Nettobeträge (Salden) durch bargeldlose Zahlung oder Konto-Verrechnung. Der Abrechnungsverkehr bei den Abrechnungsstellen der Bundesbank ist aufgrund der Automatisierung des Zahlungsverkehrs inzwischen eingestellt.

Agency Fee

Einmalige, vom Kreditnehmer an die vermittelnde Bank zu zahlende Provision, die in der Regel auf den Kreditbetrag bezogen ist.

Akkreditiv

1. *Charakterisierung:*

a) *Begriff:* Der Ausdruck Akkreditiv bedeutet eine Verpflichtung einer Bank im Auftrag und nach Weisung eines Kunden (Akkreditivauftraggeber; z. B. ein Importeur) gegen Übergabe vorgeschriebener Dokumente

Abwicklung des Dokumentenakkreditiv

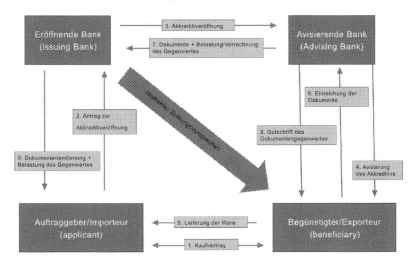

eine Zahlung an einen Dritten (Akkreditivbegünstigter, z. B. ein Exporteur) zu leisten, sofern die Akkreditivbedingungen erfüllt sind (Dokumentenakkreditiv); vgl. Abbildung „Abwicklung eines Dokumentenakkreditivs". Akkreditive sind „abstrakt", d. h. ihrer Natur nach von den Kaufverträgen oder anderen Verträgen, auf denen sie möglicherweise beruhen, unabhängige, losgelöste Geschäfte.

b) *Funktionen:* Die maßgebliche Funktion von Akkreditiven ist aus der Sicht eines akkreditivbegünstigten Exporteurs die *Zahlungssicherung:* Der Exporteur erhält neben der Zahlungsverpflichtung des Importeurs als weitere und maßgebliche Sicherheit das unwiderrufliche Zahlungsversprechen einer Bank. Für den Importeur (Akkreditivauftraggeber) liegt die wichtigste Funktion von Akkreditiven in der Sicherstellung des vertragsgemäßen *Warenexports:* Der akkreditivbegünstigte Exporteur erhält erst Zahlung aus dem Akkreditiv, wenn er durch die in den Akkreditivbedingungen festgelegten (Export-)Dokumente den kontraktgemäßen Warenexport (mittelbar, denn das Akkreditiv bleibt abstrakt) nachweist.

Akkreditivauftrag

1. *Begriff:* der an ein Kreditinstitut gerichtete Auftrag zur Eröffnung eines Dokumentenakkreditivs. Aufgrund der Vereinbarung im Kaufvertrag, Lieferungsvertrag o.Ä. (Grundgeschäft) über die Stellung eines Dokumentenakkreditivs erteilt der Käufer bzw. Besteller einen Akkreditivauftrag an ein Kreditinstitut. Er hat vollständig und genau zu sein.

2. *Merkmale:* Der Auftrag enthält bestimmte Angaben und bestimmte Weisungen für die Akkreditiveröffnung: Benennung des Begünstigten und in der Regel seiner Bankverbindung, Angaben über Art, Beschaffenheit und Menge der Ware, Angabe der Akkreditivsumme

Einzelpreis · Menge + Nebenkosten,

Bezeichnung und Inhalt der geforderten Dokumente, Angaben über den Transport der Ware (Abladeort, Transportweg, Bestimmungsort, Teilverladungen), Fristen ((1) Gültigkeit des Akkreditivs – Verfalldatum für die Vorlage der Dokumente, (2) Verladefrist für die Ware, (3) Vorlegungsfrist

(Präsentationsfrist)) für die Dokumente, Angaben über die Einschaltung einer Zweitbank als avisierende Bank, Zahlstelle, Zahlbarstellung, Ort der Benutzbarkeit bzw. bestätigende Bank, Angaben über die Art der Benutzbarkeit (Sichtzahlung, hinausgeschobene Zahlung, Akzeptleistung oder Negoziierung), Angabe über die Verteilung der Spesen, Angaben über die Übermittlungswege für die Akkreditiveröffnung und für die Dokumente.

Basis: Einheitliche Richtlinien und Gebräuche für Dokumentenakkreditive (ERA).

Akkreditivbank

Kreditinstitut (Bank des Importeurs/Auftraggebers), das ein Dokumentenakkreditiv eröffnet.

Akkreditivbestätigung

Abgabe eines abstrakten Schuldversprechens auf der Grundlage eines Dokumentenakkreditivs durch eine Bank (bestätigende Bank) im Auftrag und unter dem Obligo der eröffnenden Bank (Akkreditivbank). Die Bestätigung begründet ein selbstständiges Leistungsversprechen zur Zahlung des Akkreditivbetrags nach erfolgter Dokumentenaufnahme, für den Fall, dass die Zahlstelle des Akkreditivs keine Zahlung mehr leisten kann.

Sonderformen:

1. *Stille Bestätigung* (auch Ankaufszusage genannt). Zusätzlich zur Verpflichtung der eröffnenden Bank kann die avisierende Bank durch die „stille" Bestätigung eine eigene, unabhängige Verpflichtung zur Zahlung oder Akzeptleistung eingehen. Im Gegensatz zum „bestätigten" Akkreditiv liegt in diesem Fall kein Bestätigungsauftrag der eröffnenden Bank vor. Stille Bestätigungen sind Vereinbarungen die ausschließlich zwischen dem Begünstigten und der avisierenden Bank – ohne Wissen der eröffnenden Bank – getroffen werden.

2. *Schutzzusage:* Ist die avisierende Bank nicht die Hausbank des Exporteurs, kann es sein, dass er eine weitere Bank, in der Regel seine Hausbank, einschaltet, die ihm dann die Bestätigung in Form einer Schutzzusage erteilt – wird meist erforderlich, wenn die avisierende Bank nicht

dem Bestätigungsauftrag der eröffnenden Bank nachkommen will oder auch nicht bereit ist eine „stille" Bestätigung abzugeben. Auch in diesem Fall geht diese Bank eine eigene, unabhängige Verpflichtung zur Zahlung oder Akzeptleistung ein und es liegt kein Auftrag zur Bestätigung vor. Hier wird ebenso eine Vereinbarung zwischen dem Begünstigten und seiner Hausbank – ohne Wissen der eröffnenden oder avisierenden Bank – getroffen.

Akkreditivstelle

Avisierende Bank; Bank des Akkreditivbegünstigten (Exporteur), von der die Akkreditiveröffnung dem Exporteur angezeigt wird.

Akzeptakkreditiv

Umfasst die Akzeptleistung der akkreditiveröffnenden Bank bzw. einer von dieser beauftragten anderen Bank auf einer Tratte des Akkreditivbegünstigten (des Exporteurs) im Rahmen eines Dokumentenakkreditivs. Akzeptakkreditive zählen zur Gruppe der Nachsichtakkreditive (Deferred-Payment-Akkreditiv), weil im Gegenzug zur Aufnahme der Dokumente nur die Akzeptleistung, nicht aber die Zahlung erfolgt, die bis zur Fälligkeit des Bankakzepts hinausgeschoben ist. Sofern nicht die akkreditiveröffnende Bank, sondern in deren Auftrag eine andere Bank das Akzept leistet, liegt ein Akzeptakkreditiv in Form eines Remboursakkreditivs vor: Mit ihrer Akzeptleistung erwirbt die andere Bank einen Remboursierungsanspruch an die akkreditiveröffnende Bank. Kommt in der Praxis kaum noch vor.

Anleihe

Schuldverschreibung, Obligation, Bond.

1. *Begriff:* Als Anleihen werden Effekten (Wertpapiere) bezeichnet, die Gläubigerrechte, insbesondere das Recht auf Verzinsung und das Recht auf Tilgung, verbriefen. Die Begebung erfolgt in der Regel zur langfristigen Fremdkapitalaufnahme in größerem Umfang am in- und ausländischen Kapitalmarkt.

2. *Ausstattung:*

a) *Verzinsung:* Anleihen sind in der Regel festverzinslich, daneben gibt es auch Anleiheformen mit Zinsanpassungen, d. h. mit variabler Verzinsung (Floating Rate Note). Zinszahlungen erfolgen in der Regel jährlich. Durch Konvertierung können über dem Marktzins verzinste Anleihen in niedriger verzinsliche umgewandelt werden. Wesentlich für den Platzierungserfolg einer Anleihe ist nicht die Nominal-, sondern die Effektivverzinsung.

b) *Laufzeit und Tilgung:* Die Laufzeit beträgt fünf bis dreißig Jahre, in Hochzinsperioden auch darunter. Die Schuldner behalten sich in der Regel das Recht auf Kündigung vor (meist nach Ablauf einer Sperrfrist). Bei Tilgungsanleihen erfolgt entweder die Gesamtrückzahlung am Ende der Laufzeit oder eine Rückzahlung in Teilabschnitten für einzelne Anleiheserien nach festem Plan oder durch Auslosung. Die Tilgung kann auch durch freihändigen Rückkauf durch den Emittenten erfolgen. Die strukturierte Anleihe hat in den letzten Jahren immer mehr an Bedeutung gewonnen. Strukturierte Anleihen sind verzinsliche Wertpapiere, die sich durch individuelle Gestaltungsmerkmale auszeichnen, welche die Rückzahlung oder auch die Zinszahlung der Anleihen beeinflussen.

c) *Emissions-* und *Rückzahlungskurs:* Anleihen können zu pari (= 100%), aber auch mit einem Abschlag (Disagio) oder einem Aufschlag (Agio) emittiert werden. Die Rückzahlung erfolgt in der Regel zum Nennwert, selten über pari.

d) *Stückelung:* Die kleinste Stückelung liegt bei 0,01 Euro. Effektive Stücke sind üblicherweise mit Zinsscheinen und Erneuerungsschein ausgestattet. Heute werden fast nur noch Sammelurkunden ausgestellt und effektive Stücke nicht mehr ausgeliefert.

3. *Emission:* Die Emissionen erfolgen üblicherweise in einem der drei gängigen Verfahren: das Festpreisverfahren (Vorgabe eines festen Preises für das Wertpapier), das Bookbuilding-Verfahren (Angabe von Preisspannen in einer vorgegebenen Frist, zu denen Investoren zu kaufen bereit sind) und das Auktionsverfahren (Preis wird durch Gebote der Investoren bestimmt). Die Emission bei Bundesanleihen erfolgt in der Regel über die Deutsche Bundesbank (Bietergruppe

Bundesemission) im Auftrag der Bundesrepublik Deutschland – Finanzagentur GmbH.

4. *Arten:*

a) *Anleihen der öffentlichen Hand:* Bund, Länder, Kommunen sowie Sondervermögen des Bundes geben zur Haushaltsfinanzierung Anleihen aus. Staatsanleihen sind fast immer festverzinsliche Inhaberschuldverschreibungen. Typische Arten sind Bundesobligationen, Bundesanleihen, Bundesschatzanweisungen sowie inflationsindexierte Bundeswertpapiere in Form von Anleihen oder Obligationen.

b) *Schuldverschreibungen der Kreditinstitute:* Dazu gehören Pfandbriefe und öffentliche Pfandbriefe (Kommunalobligationen), die besonders besichert sind; Schuldverschreibungen von Kreditinstituten mit Sonderaufgaben (z. b. Kreditanstalt für Wiederaufbau (KfW)) sowie sonstige Bankschuldverschreibungen.

c) *Anleihen der gewerblichen Wirtschaft:* Unternehmensanleihen (Industrieobligationen), Gewinnschuldverschreibungen, Wandelschuldverschreibungen, Optionsanleihen, Schuldscheindarlehen.

d) *Internationale Anleihen:* Der internationale Kapitalmarkt ist durch eine Vielzahl von innovativen Anleihetypen gekennzeichnet: Zerobond (Null-Coupon-Anleihe), Floating Rate Note (FRN), Eurobond, Doppelwährungsanleihe, Auslandsanleihe, Junk Bond.

Anzahlungsgarantie

Form der Bankgarantie, die den (eine Anzahlung leistenden) Garantiebegünstigten vor den finanziellen Folgen des Risikos schützt, dass der Anzahlungsempfänger (Garantieauftraggeber) seinen vertraglichen Verpflichtungen (Leistung- und Lieferverpflichtungen) nicht nachkommt bzw. die Rückzahlung der geleisteten Anzahlung vertragswidrig unterlässt. Anzahlungsgarantien finden auch Anwendung zur Absicherung von Vorauszahlungen. Im Auslandsgeschäft wird die Anzahlungsgarantie in der Regel durch eine Bank im Auftrag ihres Kunden erstellt, wenn es der ausländische Besteller fordert.

Ausfuhrkreditgesellschaft mbH (AKA)

1. *Charakterisierung:* Die AKA ist ein Gemeinschaftsinstitut von zur Zeit 18 deutschen Banken, die nahezu alle Bereiche der Kreditwirtschaft in Deutschland vertreten. 1952 als Liquiditäts- und Risikogemeinschaft „Ausfuhr-Kredit-Anstalt" gegründet, ist die AKA heute ein Anbieter von Finanzierungen, Risikoübernahmen und Dienstleistungen im Zusammenhang mit kurz-, mittel- und langfristigen Exportgeschäften sowie sonstigen internationalen Geschäften. Kennzeichnend für jede AKA-Finanzierung sind die enge Zusammenarbeit und die finanzielle Mitwirkung der hinter ihr stehenden Gesellschafterbanken. Es gilt das Hausbankprinzip.

2. *Finanzierungen:* Finanziert werden von der AKA überwiegend mittel- und längerfristige Zahlungsziele für Investitionsgüter in Form von liefergebundenen Bestellerkrediten an ausländische Importeure oder deren Banken. In die Finanzierung einbezogen werden können im Einzelfall auch Aufwendungen während der Produktionszeit, örtliche Kosten, ausländische Zulieferungen sowie ungedeckte An- und Zwischenzahlungen. Eine Ausfuhrdeckung des Bundes, vertreten durch die Euler Hermes Aktiengesellschaft, oder einer anderen Export Credit Agency wird, sofern es das Risiko erfordert, vorausgesetzt.

Liefergebundene Bestellerkredite werden von der AKA auch als CIRR-Kredite (CIRR = Commercial Interest Reference Rate) mit einem Festzinssatz ab Kreditvertragsabschluss sowie zur Finanzierung kleinerer Exporttransaktionen unter den Rahmenkreditdeckungen des Bundes zur Verfügung gestellt. Mit zahlreichen ausländischen Banken hat die AKA (zum Teil exklusive) Grund- und Rahmenverträge abgeschlossen, die Kredite in einem standardisierten Verfahren auf Basis einer verkürzten Dokumentation vorsehen.

Darüber hinaus kann die AKA Risiken der Hausbank übernehmen, sich an Finanzierungen ihrer Gesellschafterbanken offen oder still beteiligen, größere Konsortialkredite strukturieren sowie vom Bund gedeckte Forderungen des Exporteurs ankaufen.

Lieferantenkredite, bei denen der Exporteur Kreditnehmer ist, sind sowohl für die Finanzierung einzelner Exportgeschäfte als auch – in Form von Globalkrediten – für die Finanzierung von Konsumgüterlieferungen und Abrufaufträgen erhältlich.

Auslandsgeschäft

Bankgeschäfte mit dem Ausland, d. h. Kreditinstituten, Unternehmen (Firmenkunden) und in geringerem Maße auch mit Privatkunden außerhalb des Staates, in dem das jeweilige Institut seinen Sitz hat. Das Auslandsgeschäft deutscher Kreditinstitute ist durch Außenwirtschaftsrecht oder sonstige Vorschriften des öffentlichen Rechts kaum beschränkt. Zum Auslandsgeschäft der Kreditinstitute gehören vor allem der Zahlungsverkehr (Zahlungen ins Ausland, Zahlungen aus dem Ausland jeweils durch Überweisung (Clean Payment) oder Scheck), das Dokumentengeschäft (Dokumenteninkasso, Dokumentenakkreditiv), die Exportfinanzierung durch Kreditinstitute sowie Geschäfte im Devisenhandel, das Auslandskreditgeschäft und das Garantiegeschäft. Der Deutschen Bundesbank gegenüber sind Meldungen über den Außenwirtschaftsverkehr abzugeben.

Auslandsscheck

Scheck, der von Gebietsfremden oder Gebietsansässigen auf ausländische Kreditinstitute gezogen und an Gebietsansässige begeben wird. Dazu zählen auf ausländische Währung laufende Schecks (Fremdwährungsschecks, Art. 36 SchG), die auf ein Kreditinstitut im Ausland gezogen sind.

Fremdwährungsschecks, die auf inländische Kreditinstitute gezogen sind, werden auch im Auslandsscheckeinzug eingezogen. Auslandsschecks können angekauft (Eingang-vorbehalten-(E.v.-)Gutschrift) oder zum Inkasso übernommen und nach Eingang des Gegenwertes gutgeschrieben werden. Fremdwährungsschecks zur Gutschrift in Euro werden zum Sichtkurs (Scheckankaufskurs) umgerechnet. Der im Vergleich zum Devisenkassakurs ungünstigere Sichtkurs gleicht den Zinsverlust des ankaufenden Kreditinstituts zwischen sofortiger Scheckgutschrift und späterer Deckungsanschaffung durch die bezogene Bank sowie anteilig das Kostenrisiko bei Nichteinlösung aus.

Auslandswechsel

Wechsel, bei dem der Aussteller, der Bezogene, der Begünstigte und/oder die Zahlstelle Gebietsfremder ist. Er kann auf Euro oder über eine andere Währung (Fremdwährungswechsel) lauten. Kreditinstitute kaufen Auslandswechsel an (Diskontierung), z. B. im Rahmen eines D/A-Inkassos.

Auslandszahlungsverkehr

1. *Merkmale:* Im Auslandszahlungsverkehr werden grenzüberschreitende Zahlungen aus dem Kapital-, Dienstleistungs- und Warenverkehr mit dem Ausland von Kreditinstituten abgewickelt. Bei Ländern, mit denen *freier Devisenverkehr* besteht, werden die Zahlungen in konvertierbaren Währungen abgewickelt. Die Bezahlung erfolgt also in Devisen, deren Kurs im Devisenhandel festgestellt wird. Bei *Devisenbewirtschaftung (gebundenem Zahlungsverkehr)* erfolgen die Zahlungen auf der Basis von Devisenzuteilungen oder über ein Zahlungsabkommen im Verrechnungsweg.

2. *Bestimmungen* in Deutschland für den Auslandszahlungsverkehr: Für den Auslandszahlungsverkehr bestehen nach dem deutschen Außenwirtschaftsrecht grundsätzlich keine Beschränkungen, aber gewisse statistische Meldepflichten gegenüber der Deutschen Bundesbank. Die Meldungen bilden eine wesentliche Grundlage für die Zahlungsbilanzstatistik.

a) Inländer (in Deutschland ansässige natürliche und juristische Personen) haben Zahlungen über 12.500 Euro, die sie von Ausländern (im Ausland ansässige natürliche und juristische Personen) oder für deren Rechnung von Inländern entgegennehmen oder die sie an Ausländer oder für deren Rechnung an Inländer leisten, zu melden. Die Meldepflicht besteht nicht bei Zahlungen für Aus- und Einfuhr von Waren und bei Zahlungen im Zusammenhang mit Krediten mit einer Laufzeit von bis zu zwölf Monaten (§ 67 Außenwirtschaftsverordnung (AWV)).

b) Die Meldungen sind der Deutschen Bundesbank grundsätzlich gesondert elektronisch zu erstatten (§ 72 AWV). Mit Wirkung vom 31.12.2007 wurden die Meldevorschriften im Zahlungsverkehr im Hinblick auf die Realisierung von SEPA angepasst. Die neuen SEPA-Zahlungsinstrumente sehen keinen statistischen Meldeteil mehr vor, daher sind meldepflichtige ausgehende Zahlungen in den Euro-Zahlungsverkehrsraum grundsätzlich der Bundesbank einmal monatlich direkt vom Meldepflichtigen anzuzeigen.

Vielfach werden diese Zahlungen heute noch über Korrespondenzbankbeziehungen abgewickelt. Dabei führen inländische Korrespondenzbanken für ausländische Kreditinstitute Konten (Lorokonto) in der Regel in Inlandswährung und/oder Korrespondenzbanken im Ausland führen für inländische Banken Konten (Nostrokonto), in der Regel in der ausländischen Währung. Im europäischen Zahlungsverkehr werden durch die zunehmende Integration im Zuge der Währungsunion und der Errichtung des einheitlichen europäischen Zahlungsverkehrsraums (Single Euro Payments Area (SEPA)) vermehrt Auslandszahlungen in Euro über Zahlungssysteme geleitet (TARGET2 des Europäischen Systems der Zentralbanken (ESZB), Euro1 und STEP2 der EBA). Der Nachrichtenverkehr zwischen den Korrespondenzbanken erfolgt üblicherweise über SWIFT. In der Kommunikation mit den Clearinghäusern kommen auch SIANet und EBICS zum Einsatz.

Die Abwicklung von Euro-Zahlungen (national und grenzüberschreitend) erfolgt seit 2014 europaweit einheitlich über die SEPA-Verfahren. Eine Unterscheidung in Inlands- und Auslandszahlungsverkehr ist aufgrund der Vorgaben des europäischen Gesetzgebers nicht mehr sinnvoll. So legt die EU-Preisverordnung (Verordnung EG Nr. 924/2009) fest, dass für grenzüberschreitende Zahlungen innerhalb der EU nur die Entgelte wie für entsprechende Inlandszahlungen erlaubt sind. Mit der SEPA-Verordnung (Verordnung EU Nr. 260/2012) werden technische Vorschriften und Geschäftsanforderungen für Lastschriften und Überweisungen in der EU vorgegeben.

Auszahlung

Überweisung zur Barauszahlung eines bestimmten Betrages an einen bestimmten Empfänger gegen Legitimation.

Auszug

Mitteilung über die Kontoumsätze und den *Kontostand*.

Automated Clearing House (ACH)

Elektronisches Clearing-System, in dem vorrangig über Telekommunikationsnetzwerke übermittelte Zahlungsaufträge zwischen Zahlungsdienstleistern – in einem Rechenzentrum des Betreibers verrechnet und ausgetauscht werden. Der Austausch (Clearing) sowie die anschließende Verrechnung (Settlement) der Zahlungen werden zu vorgegebenen Zeitpunkten – meistens mehrfach am Tag – durchgeführt. Die Verrechnung erfolgt brutto (je Datei) oder netto (nur Saldo) über Konten der teilnehmenden Finanzdienstleister bei der Zentralbank oder einer privaten Settlement-Bank. Es handelt sich meist um eine große Anzahl von Zahlungsaufträgen, wie Überweisungen bzw. Lastschriften.

Außenhandelsfinanzierung

Im weiteren Sinne Oberbegriff für die internationalen Zahlungs-, Sicherungs- und Finanzierungsinstrumente sowie die damit korrespondierenden internationalen Zahlungsbedingungen; im engeren Sinne Oberbegriff für Exportfinanzierung, Importfinanzierung und zum Teil auch Auslandsfinanzierung.

Einteilung der Außenhandelsfinanzierung im weiteren Sinne nach Fristen:

1. Kurz- bzw. mittelfristige Zahlungsbedingungen und –instrumente

a) nicht dokumentäre Zahlungsbedingungen:

(1) Vorauszahlung des Käufers, häufig gegen Anzahlungsgarantie der Bank des Verkäufers.

(2) An- bzw. Zwischenzahlung(en) des Käufers, die auch als sogenannte Abschlagszahlungen bezeichnet werden, und im Allgemeinen entsprechend dem Produktions- bzw. Leistungsfortschritt (gegen entsprechende Nachweise) vom Käufer an den Verkäufer zu leisten sind.

(3) Zahlung nach Lieferung, d. h. mit Zahlungsziel des Verkäufers zugunsten des Käufers (Liefervertragskredit); eventuell auf Wechselbasis.

b) dokumentäre Zahlungsbedingungen:

(1) Dokumenteninkassi, die unter Einschaltung von Banken gegenüber dem Importeur als Zug-um-Zug-Geschäft abgewickelt werden: Der Im-

porteur erhält die Exportdokumente nur ausgehändigt, wenn er – je nach Art des Inkassos – zuvor Zahlung geleistet, einen (Nachsicht-)Wechsel akzeptiert oder einen unwiderruflichen Zahlungsauftrag unterzeichnet hat.

(2) Dokumentenakkreditive, ein unwiderrufliches Zahlungsversprechen einer Bank (der sogenannten eröffnenden Bank; der Hausbank des Importeurs) zugunsten eines Exporteurs umfassen. Der Akkreditivbegünstigte erhält Zahlung aus dem Akkreditiv, sofern er die Akkreditivbedingungen erfüllt, vor allem die darin geforderten Exportdokumente vorlegt. Akkreditive können zahlbar sein bei Sicht, nach Sicht (z.B. 90 Tage nach Verladung) als Deferred-Payment-Akkreditiv oder als Akzept-(Rembours-)Akkreditiv, wobei weitere Gestaltungsmöglichkeiten mit Sonderformen der Akkreditive bestehen.

c) Refinanzierungsinstrumente: Mit diesen Zahlungsbedingungen und -instrumenten korrespondieren kurz- bzw. mittelfristige Finanzierungsinstrumente, die vom Kontokorrentkredit über Geldmarktkredite (in Euro oder in Fremdwährung) bis zur (kurzfristigen) Forfaitierung reichen; vgl. Abbildung „Außenhandelsfinanzierung – Kurz- bzw. mittelfristige Zahlungsbedingungen und Refinanzierungsinstrumente".

2. Langfristige Zahlungsbedingungen und -instrumente: In der Regel werden verschiedene Elemente zu einer Zahlungsbedingung zusammengestellt; vgl. Abbildung „Außenhandelsfinanzierung – Langfristige Zahlungsbedingungen und Refinanzierungsinstrumente".

a) Anzahlung in Höhe von z.B. 5 Prozent des Kaufpreises bei bzw. nach Vertragsabschluss, im Allgemeinen gegen Stellung einer Anzahlungsgarantie.

b) Dokumentenrate, d.h. eine weitere Zahlung in Höhe von z.B. 10 Prozent des Kaufpreises an den Exporteur gegen Vorlage der Exportdokumente.

c) Ratenzahlung des Importeurs für die Restschuld, häufig in halbjährlichen Raten und im Allgemeinen abgesichert durch eine Zahlungsgarantie einer Bank im Land des Importeurs. Die Möglichkeiten zur Finanzierung solcher langfristigen Kreditgewährungen reichen von Bankkrediten an die Exporteure, über Besteller- und Bank-zu-Bank-Kredite bis zur (langfristi-

**Außenhandelsfinanzierung –
Kurz- bzw. mittelfristige Zahlungsbedingungen
und Refinanzierungsinstrumente**

Kurz- bzw. mittelfristige **Zahlungsbedingungen** im Außenhandel:

• **Nichtdokumentäre Zahlungsbedingungen:**
– Vorauszahlung
– An- bzw. Zwischenzahlung(en)
– Zahlung bei Lieferung, evtl. durch Nachnahme
– Zahlung nach Lieferung (Liefervertragskredit, evtl. auf Wechselbasis)

• **Dokumentäre Zahlungsbedingungen:**
– Dokumenteninkassi
  – Dokumente gegen Zahlung
  – Dokumente gegen Akzept
  – Dokumente gegen unwiderruflichen Zahlungsauftrag
– Dokumentenakkreditive
  – Sichtzahlungsakkreditiv
  – Deferred-Payment-Akkreditiv
  – Akzept-(Rembours-)Akkreditiv
  – Sonderformen

Kurz- bzw. mittelfristige **Refinanzierungsinstrumente** im Außenhandel:

• **Kontokorrentkredite**
• **Negoziierungskredite**
• **Wechseldiskontkredite**
• **Bankakzepte(-kredite)**
• **Geldmarktkredite**
  (in Euro oder Fremdwährung)
• **Exportfactoring**
• **Forfaitierungen**

Teilweise erfolgt ein kombinierter Einsatz dieser Instrumente. Grundsätzlich sind Kreditaufnahmen auch bei ausländischen Kreditgebern (z. B. als Fremdwährungskredite) möglich. Die Abgrenzung zwischen mittel- und langfristigen Instrumenten ist schwierig (z. B. bei Forfaitierungen).

**Außenhandelsfinanzierung –
Langfristige Zahlungsbedingungen
und Refinanzierungsinstrumente**

Langfristige **Zahlungsbedingungen** im Außenhandel (insbesondere bei Investitionsgütern):

• **I. d. R. werden verschiedene Zahlungsbedingungen kombiniert**

• **Beispiel für die Elemente einer kombinierten Zahlungsbedingung:**
– Anzahlung bei Vertragsabschluss (evtl. gegen Anzahlungsgarantie, z. B. 5 %)
– Dokumenteninkasso oder Dokumentenakkreditiv auf Basis der Verschiffungsdokumente (sog. Dokumentenrate, z. B. 10 %)
– Ratenzahlung, evtl. mit Solawechseln oder Akzeptierung einer Anzahl von gezogenen Wechseln mit zeitlich gestaffelten (i. d. R. halbjährlichen) Wechselfälligkeiten (i. d. R. mit Garantie der Importeurbank, z. B. 85 % des Kaufpreises)

Langfristige **Refinanzierungsinstrumente** im Außenhandel:

• **Bankkredite an Exporteure**
– Geschäftsbankenkredite
– AKA-Kredite
– KfW-Kredite

• **Forfaitierungen**

• **Bestellerkredite bzw. Bank-zu-Bank-Kredite** (zugleich Zahlungsbedingung)
– Geschäftsbankenkredite
– AKA-Kredite
– KfW-Kredite

• **Roll-over-Kredite**
  (insbes. Euromarktkredite)

• **Internationale Konsortialkredite**

• **Exportleasing** (zugleich Zahlungsbedingung)

Quelle: Häberle, S.G., Handbuch der Außenhandelsfinanzierung, 3. Aufl., München, Wien 2002, S. 5.

gen) Forfaitierung. Möglich ist es auch, an der Stelle der Gewährung eines langfristigen Zahlungsziels, ein Exportgeschäft unter Einbeziehung von Exportleasing zu gestalten.

3. Reine Sicherungsbedingungen bzw. -instrumente: Eine Anzahl der genannten Zahlungsbedingungen und -instrumente umfasst neben der Zahlung auch die Sicherstellung der Zahlung und zum Teil auch die Finanzierung (eines Zahlungsziels). Daneben existieren aber auch Bedingungen und Instrumente, die keinen direkten Zahlungs- oder Finanzierungscharakter tragen, sondern (vorwiegend) der Sicherstellung von Käufer oder Verkäufer dienen: Bankgarantien, Exportkreditgarantien des Bundes (sogenannte Hermes-Deckungen), Warenkreditversicherungen etc.

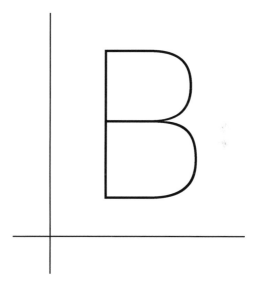

Bank-Orderscheck

Scheck, der von einer Bank im Inland auf deren Korrespondenzbank im Ausland in Fremdwährung gezogen und dem Auftraggeber (Zahlungspflichtigen) gegen Belastung des Gegenwertes durch seine Hausbank für Zahlungen an Gebietsfremde überlassen wird. Der Scheck kann wahlweise auch direkt an den Zahlungsempfänger oder dessen Hausbank übersandt werden.

Bankautomation

1. *Begriff:* Automation weiter Teile des Bankgeschäftes entlang der gesamten Wertschöpfungskette einschließlich der Abwicklung von Transaktionen und unterstützender Funktionen wie Controlling, Personalwesen, strategische Planung oder Beteiligungsmanagement etc. durch den Einsatz von EDV.

Frühzeitige Nutzung zunächst für einzelne Bankprozesse etwa bei der Belegautomation und später bei der beleglosen Abwicklung des unbaren Zahlungsverkehrs innerhalb und zwischen Kreditinstituten sowie im Verkehr mit den Bankkunden. Im Rahmen der zunehmenden Digitalisierung des Bankgeschäftes erfolgt stückweise eine weitere Automation der Kundenprozesse bzw. sogar der Kunde-Bank-Schnittstelle z. B. bei algorithmusbasierten Anlageentscheidungen entsprechend eines vom Kunden elektronisch erstellten Chancen-Risiko-Profils (Roboadvice).

2. *Ziel der Automatisierung* des Bankgeschäfts ist es, durch Verminderung des Personaleinsatzes im Mengengeschäft, Digitalisierung von Prozessen und Kundenselbstbedienung die Effizienz in der Abwicklung zu steigern und Kosten zu reduzieren.

3. *Weitere Beispiele EDV-gestützter Anwendungen:* Beispielrechnungen im Rahmen der Kundenberatung, Kreditwürdigkeitsprüfungen als Entscheidungsbasis bei Darlehenswünschen, rechnergestützte Analysen im Controlling, elektronische Kontoführung (automatische Unterschriftsprüfung und Prüfung der Einhaltung des Verfügungsrahmens), Abstimmung von umsatzreichen Konten im Rahmen der internen Kontenkontrolle, elektronische Archivierung unter Berücksichtigung der Aufbewahrungsfristen.

4. *Auszug eingesetzter Verfahren, Systeme, Geräte:* E-Commerce, Point-of-Sale-Zahlungen, Geldausgabeautomaten (GAA), Kontoauszugsdrucker (KAD), Homebanking, Cash-Management-Systeme (Cash Management), DTA, Datenfernübertragung.

Bankgarantie

Abstraktes, d. h. unabhängig vom Grundgeschäft bestehendes Zahlungsversprechen einer Bank in Form einer Garantie, durch die diese die finanzielle Absicherung auftrags ihres Kunden übernimmt, sodass ein bestimmter Erfolg eintritt bzw. ein bestimmter Schaden nicht eintritt. Sie findet überwiegend im Außenhandelsgeschäft Anwendung und dient entweder der Absicherung der Bezahlung eines Außenhandelsgeschäfts (sogenannte Zahlungsgarantie) oder begründet eine Ausfallhaftung gegenüber dem Garantiebegünstigten für verschiedene Risiken, die sich aus einer nichtplanmäßigen Abwicklung eines Geschäfts vor allem im Zusammenhang mit größeren Projekten, wie etwa der Errichtung eines umfangreichen Bauwerks, ergeben können. Insoweit stellt sie sich entweder als Bietungsgarantie, Leistungsgarantie und Liefergarantie, Anzahlungsgarantie und Auszahlungsgarantie oder Gewährleistungsgarantie dar. Dabei verspricht die garantierende Bank in aller Regel, den Garantiebetrag bereits auf erstes Anfordern des Garantiebegünstigten zu zahlen, sodass dieser nur behaupten muss, der Garantiefall, also das im Garantievertrag genau bezeichnete schadensträchtige Ereignis sei eingetreten. Die Richtigkeit der Behauptung wird von der Bank nicht geprüft. Bankgarantien können als direkte Garantien erstellt werden, d. h. sie werden direkt gegenüber dem Begünstigten erstellt, oder als indirekte Garantien, bei denen die Bank den Auftrag zur Erstellung über eine andere Bank (Hausbank des Begünstigten) gibt. Die Industrie- und Handelskammer (IHK) hat zu diesem Thema die Einheitlichen Richtlinien für Garantien herausgegeben.

Weitere Arten: Vertragserfüllungsgarantie, Anzahlungsgarantie, Kreditsicherungsgarantie, Konnossementsgarantie, Zollgarantie, Prozessgarantie.

Bankgeheimnis

1. *Begriff:* Vertragspflicht der Bank, über sämtliche Tatsachen und Wertungen und somit über alle einen Kunden betreffenden Angelegenheiten Stillschweigen zu bewahren. Das Bankgeheimnis ist in Deutschland nicht als solches gesetzlich geschützt. Vielmehr handelt es sich um eine nebenvertragliche Pflicht im Verhältnis Bank – Kunde. Selbst Kenntnisse, die im Rahmen der Abwicklung eines Geschäftsvorfalls über einen Nichtkunden erlangt wurden, unterliegen dem Bankgeheimnis, sofern die Information in die Geheimhaltungspflicht einer anderen Bank fällt. Das Bankgeheimnis kann für Bankmitarbeiter im Zivilprozess gemäß § 383 I Nr. 6, § 384 Nr. 3 ZPO zu einem aus persönlichen oder sachlichen Gründen berechtigten Zeugnisverweigerungsrecht führen, im arbeits-, sozial-, verwaltungs- und insolvenzrechtlichen Verfahren gelten die zivilprozessualen Vorschriften entsprechend.

2. Das Bankgeheimnis ist allerdings aufgrund *gesetzlicher Auskunftspflichten* durch zahlreiche weitere Vorschriften durchbrochen. So z. B. durch:

a) die *Strafprozessordnung;* wenn strafprozessual ein Anfangsverdacht besteht, bestehen Auskunftspflichten gegenüber Staatsanwaltschaft, Ermittlungsrichter und Gericht (Aussagepflicht als Zeuge gemäß § 161a StPO);

b) das *Kreditwesengesetz (KWG)* aufgrund von Meldepflichten und Auskunftsersuchen gemäß §§ 44 ff. KWG, die alle kundenbezogenen Daten erfassen; durch die Einführung des § 24c KWG im Jahr 2003, wonach die automatisierte Abrufbarkeit von wenigen, explizit aufgeführten Kontoinformationen bei Kreditinstituten für Aufsichts- und Strafverfolgungsbehörden vorgeschrieben wird;

c) das *Geldwäschegesetz (GwG),* z. B. durch Verdachtsanzeigepflicht und Identifizierungspflichten – besonders des wirtschaftlich Berechtigten (§ 2 Geldwäschegesetz);

d) das *Wertpapierhandelsgesetz,* z. B. bei der Erfüllung von Meldepflichten und der laufenden Überwachung des Geschäfts in Insiderpapieren.

e) das *Steuerstrafverfahren;* Kreditinstitute sind gegenüber den Finanzbehörden auskunftspflichtig, wenn ein „hinreichender Anlass" zur Annahme von Steuerhinterziehung besteht; Umsetzung Internationaler Embargo-regelungen;

f) das *Außenwirtschaftsgesetz (AWG)*;

g) *Anzeigepflicht* beim Tod eines Kunden gegenüber dem für die Erbschaftsteuer zuständigen Finanzamt, unter anderem hinsichtlich der Guthabenkonten und Wertpapierdepots (§ 33 ErbStG). Bei Kenntnis vom Tode eines Kunden sind seitens der Bank alle Vermögensgegenstände dem zuständigen Finanzamt anzuzeigen, jedoch nur, sofern 1.200 Euro überschritten werden (§ 1 ErbStDV). Schrankfächer, die an den Verstorbenen vermietet waren, sowie vom Verstorbenen hereingenommene Verwahrstücke sind ebenfalls zu melden.

Aus der Auflistung wird deutlich, dass Finanzmarktaufsichts- und Ermittlungsbehörden bei der Bekämpfung der Geldwäsche und bei Strafverfahren durch das privatrechtliche Bankgeheimnis in keinem Fall behindert werden. Insofern geht die Diskussion um die Gefahr der Einschränkung oder Abschaffung des Bankgeheimnisses oft von unzutreffenden Voraussetzungen aus.

3. Ferner war in § 30a AO das sogenannte *Steuergeheimnis* normiert, welches den Steuerbehörden den systematischen Einblick in die Geschäftsbeziehungen zwischen Bank und Kunde verbietet. § 30a AO wurde durch das Gesetz zur Bekämpfung der Steuerumgehung und zur Änderung weiterer steuerlicher Vorschriften in BGBl I 2017 S. 1682 aufgehoben. Auch das Steuergeheimnis unterliegt zahlreichen Durchbrechungen:

a) § 30a AO hatte keine Geltung im Steuerstrafverfahren und im Bußgeldverfahren wegen Steuerordnungswidrigkeiten;

b) nach § 30a i.V. mit § 93 AO waren bereits Einzelauskunftsersuchen an Banken zulässig;

c) im Rahmen von Außenprüfungen beim Bankkunden;

d) nach §§ 93 VII, 93b AO i.V. mit § 24c KWG ist der automatisierte Abruf von gestimmten gespeicherten Konteninformatonen zulässig (sogenannter Kontenabruf).

Bankkonto

1. *Begriff:* Die in Kontenform geführte Rechnungslegung einer Bank für einen Bankkunden, die dessen Geschäftsverkehr und dessen daraus sich ergebende Gesamtposition mit der Bank dokumentiert.

2. *Arten:* Bankkunden besitzen je nach Art der Geschäfte unterschiedliche Bankkonten: für Sparbeträge ein Sparkonto; für täglich mögliche Einzahlungen, Abhebungen, Überweisungen ein laufendes *Giro- oder Kontokorrentkonto;* für Gelder mit vereinbarter Kündigungsfrist oder fester Laufzeit ein *Terminkonto;* für den Geschäftsverkehr mit fremden Zahlungsmitteln ein *Fremdwährungskonto.*

3. *Einrichtung bzw. Eröffnung:* unter Anerkennung der Allgemeinen Geschäftsbedingungen und Schufa-Klausel sowie Abgabe einer Unterschriftsprobe durch den Kunden, der der Bank über seine Person durch Angabe von Vor- und Zunamen sowie Wohnort Auskunft geben muss; die Bank hat sich über die Person des Verfügungsberechtigten zu vergewissern (§ 2 GwG).

4. *Überprüfung* der Umsätze und des Kontostandes durch den Kunden anhand von Kontoauszügen oder Bankbenachrichtigungen.

5. *Pfändung* eines Bankguthabens möglich; auch zukünftige Forderungen des Kunden gegen die Bank, wie sie aus dem Kontokorrentvertrag entstehen, unterliegen der Pfändung eines Drittgläubigers des Kunden, soweit sie bestimmt oder bestimmbar sind.

Bankleitzahl

BLZ, Bankennummerierung; achtstellige Nummerierung von Zahlungsdienstleistern. Sie wurde zur eindeutigen Identifizierung eines Zahlungsdienstleisters im Rahmen der Automatisierung des zwischenbetrieblichen unbaren Zahlungsverkehrs zum 1. Oktober 1970 eingeführt. Die ursprüngliche Steuerungsfunktion im zwischenbetrieblichen Zahlungsverkehr ist mit der Einführung der SEPA-Verfahren grundsätzlich durch den BIC übernommen worden. Die Bankleitzahl wird zur Bildung der IBAN für in Deutschland geführte Zahlungskonten benötigt. Sie ist als BBAN (Basic Account Number) Bestandteil der IBAN. Die Bundesbank vergibt die Bankleitzahl.

Bankmäßige Zahlung

Unbare Zahlung, Zahlung mittels Scheck, Überweisung oder Lastschrift; bei Zahlung durch Überweisung führt die vollendete Gutschriftsbuchung, bei Lastschrift und Scheck die vorbehaltslose Kontobelastung des Zahlungspflichtigen bzw. des Scheckausstellers zum Erlöschen der Schuld.

Banknote

Von einer dazu ermächtigten Bank (Notenbank) ausgegebenes Papiergeld. Für Banknoten als gesetzliches Zahlungsmittel besteht unbeschränkte Annahmepflicht, z. B. für den Euro innerhalb des europäischen Währungsraums.

Ausgabe von Banknoten erfolgt im Eurowährungsgebiet durch das Eurosystem; in der Bundesrepublik Deutschland werden die Eurobanknoten von der Deutschen Bundesbank ausgegeben (§ 14 BBankG bzw. Art. 128 AEUV). Bis Ende 2001 wurden auf DM lautende Banknoten ausgegeben.

Bankorganisation

Struktur eines Bankunternehmens mit der Aufgabe der Schaffung optimaler Voraussetzungen zur Erreichung der unternehmerischen Ziele.

Traditionelle Organisationsform in Banken ist die Divisional- bzw. Spartenorganisation (Abgrenzungen nach Fachgebieten: Zahlungsverkehr, Kreditgeschäft, Wertpapiergeschäft, Auslandsgeschäft).

Die am Markt zu beobachtende Fokussierung hin zu einer an den Kundenbedürfnissen ausgerichteten Geschäftspolitik unterstützen objektbezogene, marktorientierte Organisationsformen, die aufgrund ihrer Struktur auf die Befriedigung der Bedürfnisse der unterschiedlichen Kundengruppen (Private Banking, Retail Banking etc.) ausgerichtet sind.

Ferner sind in größeren, international aufgestellten Banken auch Matrixorganisationen zu finden, die überlappende Zuständigkeiten sowohl für bestimmte Kundengruppen als auch für bestimmte Vertriebsgebiete festlegen.

Im Zuge des permanenten Rationalisierungsdrucks werden spezielle Dienstleistungen von Kreditinstituten zunehmend an externe Unternehmen oder ausgegliederte Arbeitseinheiten übertragen. Dies hat in der Zahlungsverkehrs- und Wertpapierabwicklung auch zur Gründung von Transaktionsbanken geführt. Diese können gegebenenfalls von mehreren Banken bzw. Bankengruppen genutzt werden.

FinTechs, Finanztechnologieunternehmen, spielen eine zunehmende Rolle in der Wertschöpfungskette der Banken. Diese gehen häufig Kooperationen mit FinTechs ein, um ausgewählte Innovationen oder Prozessvereinfachungen für ihre Kunden nutzen zu können. Inzwischen ist sogar zu beobachten, dass einige Bankneugründungen fast sämtliche Leistungspakete von außen, zumeist von anderen FinTechs einkaufen und auf ihrer Plattform integrieren.

Bargeldloser Zahlungsverkehr

Unbarer Zahlungsverkehr; Abwicklung von Zahlungen ohne Verwendung von Bargeld, d. h. von Konto zu Konto. Buchgeldzahlungen können durch Verrechnungsscheck, Lastschrift oder Überweisung erfolgen, mittels der ein Betrag dem Konto des Zahlungspflichtigen belastet und auf dem Konto des Zahlungsempfängers gutgeschrieben wird. Besitzt einer der beiden Beteiligten kein Konto, so ist eine völlige Ausschaltung der Barzahlung nicht möglich (halbbarer Zahlungsverkehr). Eine weitere Form der bargeldlosen Zahlung ist die Kartenzahlung, bei der Transaktionsbelege vom Kartenakzeptanten zur Gutschrift des Rechnungsbetrages bei der Kartenorganisation eingereicht werden. Der Anteil dieser Zahlungsform am bargeldlosen Zahlungsverkehr nimmt kontinuierlich zu.

Um den aufwendigen beleggebundenen bargeldlosen Zahlungsverkehr zu rationalisieren, wird der bargeldlose Zahlungsverkehr mittlerweile zwischen den Kreditinstituten überwiegend beleglos abgewickelt (elektronischer Zahlungsverkehr); auch die Bankkunden reichen ihre Zahlungsaufträge zunehmend beleglos ein, z. B. im Homebanking.

Barscheck

Scheck, bei dem entweder der Inhaber von Inhaber- oder Überbringerschecks oder der durch Indossierung legitimierte Inhaber von Orderschecks Barhonorierung verlangen kann.

Jeder Barscheck kann durch einen entsprechenden Vermerk (nur zur Verrechnung) zum Verrechnungsscheck gewandelt werden. Eine Rückwandlung ist ausgeschlossen.

Barzahlung

Zahlungsform, bei der der Schuldner dem Gläubiger Bargeld übergibt. Mit der Übergabe der Zahlungsmittel ist die Verpflichtung gegenüber dem Gläubiger erfüllt. Zur Barzahlung rechnen:

(1) Direkte Übergabe von Bargeld,

(2) Bargeldversand mittels Wertbrief,

(3) Postanweisung,

(4) Wechsel, die bar eingelöst werden.

Vielfach ist in Zahlungsbedingungen bei Barzahlung Kassakonto oder Diskont vorgesehen.

Belegloser Scheckeinzug (BSE)

In den vergangenen Jahren wurde die Abwicklung des Scheckeinzugs in Deutschland durch gemeinsame Anstrengungen des Kreditgewerbes und der Deutschen Bundesbank kontinuierlich verbessert und rationeller gestaltet. Seit November 2004 werden alle Schecks, Reiseschecks und Zahlungsanweisungen zur Verrechnung, die auf einen Betrag von (unter) 6.000 Euro lauten, im beleglosen Scheckeinzug (BSE) abgewickelt. Die Scheckgegenwerte werden beleglos und ohne die Vorlage des Originalschecks eingezogen. Die Erfassung der Scheckdaten und damit die Umwandlung in Datensätze muss grundsätzlich durch die erste Inkassostelle erfolgen. Die erste Inkassostelle muss auch die formelle Ordnungsmäßigkeit der Schecks überprüfen. Die Gegenwerte der BSE-Schecks können die Kreditinstitute entweder im bilateralen Austausch in ihren Gironetzen oder über den Scheckabwicklungsdienst des elektronischen Massenzahlungsverkehrs der Deutschen Bundesbank (EMZ) einziehen.

Berichtigungsbuchung

Korrektur fehlerhafter Buchungen nach einem zwischenzeitlich erfolgten Rechnungsabschluss.

Die Berichtigungsbuchung geht einher mit der Pflicht zur unverzüglichen Benachrichtigung. Da der Kontoauszug ausdrücklich als Informationsträger anerkannt ist, wird dem Erfordernis der unverzüglichen Benachrichtigung auch bei unterschiedlichster Auszugsform (Kontoauszugsdrucker; Monatsauszüge etc.) genügt. Der Inhalt der Benachrichtigung muss informell und aussagekräftig sein. Die Berichtigungsbuchung muss hinsichtlich der Zinsrechnung valutengerecht wirken, d. h. die Zinsrechnung so beeinflussen, als sei die fehlerhafte Buchung nicht erfolgt.

Bestätigter Scheck

Scheckbestätigung durch die Bundesbank gemäß § 23 BBankG. Die Filiale der Bundesbank versieht den Scheck mit einem Bestätigungsvermerk und belastet als Deckung dafür das ausstellende Kreditinstitut, das im Auftrag seines Kunden den bestätigten Scheck auf sein Bundesbank-Konto gezogen hat. Die Bundesbank verpflichtet sich durch die Bestätigung dem Inhaber gegenüber zur Einlösung und haftet auch dem Aussteller und den Indossanten für Einlösung. Die Verpflichtung aus der Bestätigung erlischt, wenn der Scheck nicht binnen acht Tagen nach der Ausstellung zur Zahlung vorgelegt wird. Für den Nachweis der Vorlegung gilt Art. 40 ScheckG.

Bezahlen mit dem Mobiltelefon außerhalb des Geschäfts

Zahlverfahren, bei dem mithilfe eines Mobiltelefons außerhalb der Räumlichkeiten des Händlers gezahlt wird. Weit verbreitet sind vor allem SMS-Zahlverfahren für ÖPNV-Fahrkarten oder Parkgebühren.

Bezahlen mit dem Mobiltelefon im Geschäft

Zahlverfahren, bei dem mithilfe eines Mobiltelefons bei Anwesenheit des Kunden in den Räumlichkeiten des Händlers am POS-Terminal gezahlt werden kann. Häufig wird dafür die NFC-Technologie benutzt, aber auch andere Ausgestaltungsmöglichkeiten, beispielsweise die Nutzung von QR-Codes, sind möglich.

BIC

Abkürzung für *Business Identifier Code* (vormals *Bank Identifier Code*); international standardisierter Code (ISO 9362) für die Identifizierung von Banken und Nichtbanken. Der BIC wird für die automatisierte Verarbeitung elektronischer Nachrichten der Finanzindustrie benötigt. Beispielsweise dient er im SWIFT-Netzwerk als technische Adresse für SWIFT-Teilnehmer (z. B. MARKDEFF für die Deutsche Bundesbank). Der BIC findet weltweit insbesondere Verwendung bei Zahlungsdienstleistern, jedoch nimmt die Zahl der BICs für Unternehmenskunden stetig zu. Er hat eine Länge von 8 alphanummerischen Zeichen, die optional um 3 alphanummerische Zeichen erweitert werden können; er hat folgenden Aufbau: BBBBCCLL[bbb]; BBBB = 4-stelliges business party prefix (ehemals Institutscode), vom BIC-Inhaber frei wählbar, CC = 2-stelliger Ländercode (nur Alphazeichen) gemäß ISO 3166-1, LL = 2-stelliges business party suffix (ehemals Codierung des Ortes (alphanumerische Zeichen)), vom BICInhaber frei wählbar, und bbb = optionale 3-stellige Kennzeichnung zur Identifizierung einer organisatorischen Einheit der sogenannten „business party", die mit dem 8-stelligen BIC identifiziert wird. Technisch wird oft generell mit dem 11-stelligen BIC gearbeitet; 8-stellige BICs werden in diesem Falle mit „XXX" ergänzt.

Blanko-Scheck

Unterschriebener Scheck, bei dem wichtige Angaben (z. B. der Betrag) noch nicht ausgefüllt sind und der in der Regel vom Aussteller zur Vervollständigung durch den Nehmer bestimmt ist. Wird ein Blanko-Scheck später abredewidrig ausgefüllt, so kann das dem Inhaber nicht entgegengehalten werden, es sei denn, dass er den Scheck nicht gutgläubig erworben hat oder ihm beim Erwerb grobe Fahrlässigkeit zur Last fällt.

Blockchain

1. Begriff: Technisch stellt die Blockchain („Blockkette") eine dezentrale Datenbank dar, die im Netzwerk auf einer Vielzahl von Rechnern gespiegelt vorliegt. Sie zeichnet sich dadurch aus, dass ihre Einträge in Blöcken zusammengefasst und gespeichert werden. Durch einen von allen Rechnern verwendeten Konsensmechanismus wird die Authentizität der Datenbankeinträge sichergestellt. Oftmals wird der Überbegriff „Distributed Ledger" synonym verwendet, auch wenn nicht jeder Distributed Ledger unbedingt eine Blockkette verwendet.

2. Herkunft: Blockchain ist die Basistechnologie und zentrale Innovation der Kryptowährung Bitcoin. Sie geht zurück auf ein Arbeitspapier, das im November 2008 anonym über eine Mailing-Liste veröffentlicht wurde. Darin beschreibt der bis heute unbekannte Autor oder die Autorengruppe mit dem Pseudonym Satoshi Nakamoto das elektronische Zahlungssystem „Bitcoin", das Peer-to-Peer über das Netzwerk organisiert ist und ohne zentralen Intermediär auskommt. Das korrespondierende Bitcoin-System wurde als Open-Source-Projekt Anfang 2009 veröffentlicht.

3. Merkmale: Eine Blockchain-Datenbank kann als dezentrales Buchungssystem dienen, um jegliche Arten von Eigentumsrechten digital zu organisieren, z. B. Grundbücher oder Unternehmensanteile. Da die Dezentralität Intermediäre potenziell verzichtbar macht, könnte die Blockchain zukünftig in vielen Bereichen zum Einsatz kommen und als disruptive Technologie bisher etablierte Verfahren und Technologien verdrängen. Wesentliche Treiber der Entwicklung sind Effizienzgewinne bei etablierten Prozessabläufen (z. B. im Nachhandel von Wertpapieren) und damit auch erhebliche prognostizierte Kosteneinsparungen.

4. Potenzial für die Praxis: In kurzer Zeit haben sich globale Initiativen bedeutender Vertreter der Finanzindustrie gebildet, die mögliche Anwendungsszenarien in verschiedenen Bereichen (z. B. Wertpapiere, Versicherungen, etc.) untersuchen. Neben dem Einsatz der Blockchain als transparentem und effizientem Buchungsverfahren wird insbesondere im Bereich von Smart Contracts intensiv geforscht. Da sich bereits konkrete Verfahren in der Praxisumsetzung befinden, zeichnet sich eine weiterhin sehr dynamische Entwicklung ab.

5. Kritik und Ausblick: Wenngleich hohe Erwartungen im Hinblick auf das Einsatzpotenzial bestehen, ist derzeit noch nicht absehbar, wie sich die Verbreitung Blockchain-basierter Technologien in der Praxis entwickeln wird. Vor allem im Finanzsektor sind viele rechtliche, regulatorische und technische Rahmenbedingungen im Hinblick auf den Einsatz solcher Systeme derzeit noch nicht abschließend geklärt und stark von der Ausgestaltung der jeweiligen Blockchain abhängig. Potenzial besteht indes auch außerhalb des Finanzsektors. Beim derzeit entstehenden Internet der Dinge könnte die Blockchain-Technologie beispielsweise effizient und sicher Eigentumsverhältnisse verbriefen, Identitäten verifizieren oder Mikrozahlungen zwischen Geräten abwickeln.

Buchungsgebühr

Gebühr, die von den Kreditinstituten im Rahmen der Kontoführung in Rechnung gestellt wird. Neben einer fixen Grundgebühr wird für jede auf dem Konto vorgenommene Buchung ein gewisser Betrag (teilweise differenziert nach dem der Buchung zugrunde liegenden Zahlungsvorgang) dem Kontoinhaber belastet. Zur Förderung der beleglosen Abwicklung differenzieren die Kreditinstitute auch zunehmend nach der Einreichungsart (beleglose Aufträge günstiger als beleghafte). Manche Banken gewähren bestimmte Freiposten pro Monat, Quartal oder Jahr, die frei von Buchungsgebühren sind. Darüber hinaus kommen Differenzierungen nach Buchungstypen wie Daueraufträgen, Überweisungen, Lastschriften etc. vor. Die Erhebung einer Buchungsgebühr ist Bestandteil der Geschäfts- und Preispolitik eines Kreditinstituts. Banken sowie Bausparkassen erheben teilweise aus Marketinggründen keine Buchungsgebühren.

Bundesbürgschaft

Bürgschaftsübernahme, auch Garantieübernahme (Bundesgarantie), des Bundes für Darlehen, die für Zwecke von besonderer wirtschaftlicher oder sozialpolitischer Bedeutung von Banken oder sonstigen Kapitalsammelstellen gegeben werden und die sonst nicht ordnungsgemäß gesichert werden können.

Bundesgarantie

Die von der Regierung eines Bundesstaats zulasten des Staates übernommene besondere Verpflichtung, für die Erfüllung von Verträgen einzustehen (Garantie):

(1) *nach außen:* durch Übernahme einer Ausfallbürgschaft auf eine bundesstaatliche Anstalt mit entsprechendem Vermögen;

(2) *nach innen:* durch Übertragung des Kursrisikos oder sonstiger Wagnisse auf eine entsprechende Anstalt, um einzelnen Staatsbürgern den Abschluss und die Einhaltung von zwischenstaatlichen Verträgen zu ermöglichen.

Business Continuity

Alle organisatorischen, technischen und personellen Maßnahmen, die

a) zur *Fortführung der Kerngeschäfte* unmittelbar nach Eintritt des Krisenfalles und

b) zur *sukzessiven Wiederaufnahme des gesamten Geschäftsbetriebs* bei länger andauernden schweren Störungen dienen.

Dabei werden als Kerngeschäft diejenigen Geschäftsprozesse bezeichnet, die für das Erreichen des/der Unternehmensziels(e) von vitaler Bedeutung sind und deren kurz- oder langfristiger Ausfall den Bestand des Unternehmens bzw. (bei Behörden) die Erfüllung hoheitlicher Aufgaben und die Stabilität des Finanzsystems existentiell gefährden könnten.

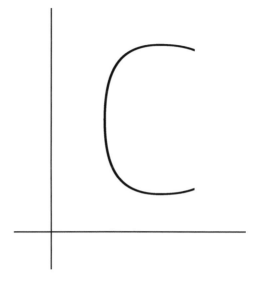

© Springer Fachmedien Wiesbaden GmbH, ein Teil von Springer Nature 2019
Springer Fachmedien Wiesbaden (Hrsg.), *250 Keywords Bankwirtschaft*,
https://doi.org/10.1007/978-3-658-23658-8_3

Callcenter

Telefonisch Aufträge annehmende Stelle in Banken mit ständiger Erreichbarkeit – auch außerhalb der banküblichen Öffnungszeiten; vorwiegend Nutzung bei Direktbanken. PC-gestützte Auftragsannahme unter Berücksichtigung spezieller Sicherheitserfordernisse (z. B. Kennwort des Kunden).

Cash Management

1. *Begriff:* Steuerung der täglichen Gelddisposition eines Unternehmens (gegebenenfalls auch untertägig). Als Instrument der Finanzplanung ist das Cash Management kurzfristig mit einem Planungshorizont von wenigen Tagen ausgerichtet und plant die Liquidität für die unmittelbar bevorstehenden Tage anhand der verfügbaren Informationen über ein- und ausgehende Zahlungsströme auf den verschiedenen, zu disponierenden Konten.

2. *Zielsetzungen:* Hauptaufgabe ist die störungsfreie Abwicklung des Zahlungsverkehrs auf der Grundlage der bei den einzelnen Kreditinstituten eingeräumten Kreditlinien sowie die kurzfristige Anlage überschüssiger Liquidität. Von der Kreditwirtschaft wird Cash Management im Rahmen des Electronic Banking als Dienstleistung zur Unterstützung und Optimierung der kurzfristigen Finanzwirtschaft des Kunden angeboten. Cash Management unterstützt dabei Unternehmen bei der Planung, Steuerung, Disposition und Kontrolle kurzfristiger Finanz- und Liquiditätspositionen sowie der Kassenhaltung. Informationsmodule steuern den Zahlungsverkehrsdatenaustausch, die Darstellung aktueller Kontostände (auch valutarisch geordnet) sowie Verfügungen zulasten von Konten unter Auswahl der Zahlungsart und Währung bei Auslandstransfers. Auch die Banken und Sparkassen selbst nutzen das Cash Management für die Disposition ihrer eigenen Konten bei in- und ausländischen Kreditinstituten – besonders bei Zentralbanken. Dies hat das Ziel einer möglichst knappen Liquiditätshaltung bzw. einer günstigen Anlage liquider Mittel sowie einer zeitgerechten Abwicklung ihres Zahlungsverkehrs aus dem Kundengeschäft und Eigengeschäft.

Channel Encryption

Verschlüsselung von Daten, die im Internet transferiert werden.

Chargekarte

Zahlungskarte; Karte, die es Karteninhabern ermöglicht, dass ein Konto beim Kartenemittenten mit ihren Käufen bis zu einer genehmigten Grenze belastet wird. Der Saldo auf diesem Konto wird grundsätzlich am Ende eines im Voraus festgelegten Zeitraums vollständig beglichen, unter Umständen ist auch eine Ratenzahlung möglich. In der Regel wird vom Inhaber eine Jahresgebühr verlangt.

Das Unterscheidungsmerkmal einer Kreditkarte (ohne Kreditfunktion) im Gegensatz zu einer Kreditkarte (mit Kreditfunktion) oder Debitkarte ist die vertragliche Vereinbarung zur Gewährung einer Kreditlinie, aber mit einer Verpflichtung, die Schulden am Ende eines im Voraus festgelegten Zeitraums zu begleichen. Diese Art von Karte wird üblicherweise als „Kreditkarte" bezeichnet.

Die Chargekarte ist in Deutschland aktuell die verbreiteste Art der Kreditkarte im weiteren Sinne Das Gegenstück dazu sind revolvierende Kreditkarten. Bei diesen wird eine revolvierende Kreditfazilität eingeräumt.

Chipkarte

Die Chipkarte ist eine spezielle Plastikkarte in die ein Chip integriert ist, der unterschiedliche Funktionen übernehmen kann. Bei reinen Speicherkarten fungiert der Chip lediglich als Speicher, der beschrieben und ausgelesen wird, so z. B. bei Telefonkarten oder Zugangskarten.

Demgegenüber kann der Chip auf Prozessorkarten selbstständig Daten verarbeiten und verwalten, sodass es möglich ist, Programme auf dem Chip selbst ausführen zu lassen. Diese Karten erlauben das Auslesen der auf dem Chip gespeicherten Daten zumeist nicht direkt, sondern nur über auf dem Prozessor des Chips laufende kryptographische Verfahren. Somit ist die Prozessorkarte vor dem unberechtigten Zugriff auf die gespeicherten Daten relativ geschützt. Diese Technologie findet z. B. seit den 1980er-Jahren bei Zahlungskarten Verwendung, da die Chips einen höheren Sicherheitsstandard bieten können als reine Magnetstreifenkarten, häufig werden auch Hybridkarten mit beiden Technologien ausgegeben. Bedeutende Anwendungsfelder von Chipkarten mit integriertem Prozessor sind daneben auch Ausweisdokumente, wie z. b. der neue Personalausweis in Deutschland, und SIM-Karten in Mobiltelefonen oder auch kontaktlose Zahlungskarten.

Insbesondere im Euroraum werden Zahlungskarten grundsätzlich mit einem Chip ausgestattet. Der Magnetstreifen dient nunmehr vor allem als Fallback- Lösung oder wird beispielsweise noch an Kontoauszugsdruckern genutzt. So erfolgen Zahlungen mit der in Deutschland am weitesten verbreiteten Debitkarte, der girocard, innerhalb der SEPA allein über den Chip. Außerhalb Europas kann gegebenenfalls noch der ebenfalls aufgebrachte Magnetstreifen zum Einsatz kommen.

Anwendung: derzeit vor allem im bargeldlosen Zahlungsverkehr z. B. zur Kontrolle der Zugriffsberechtigung und Autorisierung von Zahlungen oder als Geldkarte sowie als Karte mit Zusatzfunktionalitäten (z. B. elektronischer Fahrschein, elektronische Signatur, Jugendschutzmerkmal).

Clearing

1. *Allgemein:* Die gegenseitige Auf- und Verrechnung von Forderungen und Verbindlichkeiten zwischen Geschäftspartnern. Grundsätzlich werden zwei Methoden unterschieden: beim Nettoclearing werden nur die Beträge zwischen den Teilnehmern ausgetauscht, die sich aus der Saldierung von Forderungen und Verbindlichkeiten ergeben; beim Bruttoclearing erfolgt eine solche Saldierung nicht, sondern jede Zahlung wird einzeln ausgeführt.

2. *Zahlungsverkehr (Interbanken-Clearing):* Verfahren der Übermittlung, der Abstimmung und in einigen Fällen auch die Bestätigung von Zahlungsaufträgen vor dem Zahlungsausgleich; dies entspricht im deutschen Sprachgebrauch dem Begriff der Zahlungsverkehrsabwicklung. Das Clearing kann auch die Aufrechnung und Saldierung der Positionen mit anschließendem Zahlungsausgleich der Nettobeträge umfassen (auch als Abrechnung, Skontration oder Settlement bezeichnet). Für das Clearing gibt es mehrere Möglichkeiten:

(1) Beim internen Clearing (Inhouse-Zahlungen) erfolgt die Verrechnung zwischen Filialen einer Bank oder innerhalb einer Institutsgruppe (z. B. im Kreditbanken-, Sparkassen- oder Genossenschaftssektor).

(2) Im bilateralen Austausch sind zwei Kreditinstitute beteiligt, die Verrechnung erfolgt zumeist über Zentralbank-Konten.

(3) Eine Auf- und Verrechnung kann auch über Clearingsysteme erfolgen wie die Deutsche Bundesbank sie im Rahmen des Europäischen Systems der Zentralbanken (ESZB) anbietet (z. B. TARGET2).

3. *Industrie-Clearing:* In der klassischen Variante einigen sich zwei Industrieunternehmen über ein Vorziehen von zukünftigen Zahlungen für Lieferungen und Leistungen, um einen auftretenden Zahlungsmittelbedarf auszugleichen. Es handelt sich dabei also um kurzfristige Kredite. In der neueren Variante tauschen große Industrieunternehmen, die nicht in Geschäftsbeziehung stehen, kurzfristig Finanzmittel aus, meist zu niedrigeren Zinssätzen als im Bankenmarkt.

4. *Wertpapierclearing/Derivateclearing:* Im Derivate- und Wertpapierhandel werden Käufe und Verkäufe zwischen den Handelspartnern entweder bilateral oder über das Clearingsystem einer zentralen Gegenpartei abgewickelt. Die Mitglieder eines Clearingsystems müssen dabei bestimmte Anforderungen erfüllen und für ihre individuellen Geschäfte Sicherheiten stellen. Dabei tritt die zentrale Gegenpartei als Risikomanager für die beteiligten Handelspartner auf. In Deutschland sind mit der Eurex Clearing AG und der European Commodity Clearing AG zwei Tochtergesellschaften der Deutschen Börse AG als zentrale Gegenparteien zugelassen.

CLS

Abkürzung für *Continuous Linked Settlement.*

1. *Begriff:* CLS ist ein privatwirtschaftliches, globales System zur Abwicklung und Verrechnung von Devisenhandelstransaktionen (Devisenhandel).

2. *Entwicklung:* 1997 wurde die CLS Service Limited (CLSS) mit Sitz in London von 20 im Devisenhandel weltweit aktiven Banken gegründet und mit der Entwicklung des CLS-Systems und der Gründung der CLS Bank (CLSB)

mit Sitz in New York betraut. Die CLS Bank war zunächst ein monofunktionales Institut, d. h. ihre Geschäftstätigkeit war allein auf die Abwicklung von Devisengeschäften beschränkt. Im September 2002 wurde CLS in Betrieb genommen. Mit der Einführung des Systems konnten Transaktionen in den sieben Währungen (australischer Dollar, kanadischer Dollar, Euro, Yen, Pfund Sterling, Schweizer Franken sowie US-Dollar) abgewickelt werden, die weltweit den Großteil des Wertvolumens im Devisenhandel auf sich vereinigen. Seit September 2003 nehmen die dänische, schwedische und norwegische Krone sowie der Singapur Dollar an CLS teil. Im Dezember 2004 wurde der Kreis der Währungen in CLS um den Hong Kong und den New Zealand Dollar sowie um den Korean Won und den South African Rand erweitert. Seit Mai 2008 können mit dem Israel Shekel und dem Mexican Peso 17 Währungen in CLS abgewickelt werden. Mit der Entwicklung des CLS-Systems reagierte der Bankensektor auf die Forderung der Zentralbanken der Zehnergruppe (G 10, Group of Ten), Maßnahmen zur Reduzierung des Erfüllungsrisikos im Devisenhandel zu ergreifen. In CLS wurden bis Ende 2007 – entsprechend ihrer Spezialbanklizenz – ausschließlich devisenhandelsbasierte Zahlungen auf Zug-um-Zug Basis abgewickelt. Seit Ende 2007 bzw. Anfang 2008 wickelt CLS auch Non-deliverable Forwards und Kredit-Derivate ab. Im Januar 2010 startete CLS in Zusammenarbeit mit Traiana den CLS Aggregation Service, um Kapazitätsproblemen wegen gestiegenen FX-Wachstums entgegenzuwirken. Im September 2013 führte CLS darüber hinaus die Möglichkeit der taggleichen Abwicklung von Devisengeschäften in US-Dollar und kanadischen Dollar ein.

3. *Systemdesign:* Das System basiert auf dem Verfahren „Zahlung gegen Zahlung". Dadurch wird sichergestellt, dass ein Devisenhandelsgeschäft nur dann abgewickelt wird, wenn die aus dem Geschäft resultierenden zwei Zahlungen gleichzeitig ausgeführt werden können. Die zentrale Abwicklung von Devisengeschäften bei der CLSB erfordert eine entsprechende Systeminfrastruktur. Die an CLS direkt teilnehmenden Banken unterhalten bei der CLSB ein Multiwährungskonto. Die CLSB ihrerseits hat bei den jeweiligen Zentralbanken, deren Währungen CLS-fähig sind, Konten eingerichtet, weil die Einzahlungen der Teilnehmer an die CLSB sowie die Auszahlungen der CLSB an die Teilnehmer über die nationalen

RTGS-Systeme zu leisten sind. Die Devisengeschäfte der Teilnehmer werden in den Büchern der CLSB einzeln, d. h. auf Bruttobasis, abgewickelt. Gleichwohl profitieren die CLS-Teilnehmer hinsichtlich der Finanzierung ihrer Positionen von einem Netting-Effekt, da die CLSB für jeden Teilnehmer in den jeweiligen Währungen nur eine Netto-Position (d. h. Einzahlungsverpflichtung oder Auszahlungsanspruch) ermittelt.

4. *Teilnehmerkreis:* CLS sieht unterschiedliche Teilnahmemöglichkeiten vor. Sogenannte Settlement Member (SM) nehmen an CLS direkt teil und unterhalten als einzige ein Multiwährungskonto bei der CLSB, über das eigene Transaktionen und Transaktionen etwaiger User Member (UM) oder Third Parties (TP) abgewickelt werden. Sie müssen Anteilseigner der CLS Group Holdings AG sein. UM sind ebenfalls Anteilseigner und reichen ihre Transaktionen direkt bei der CLSB ein. Die Abwicklung der Transaktionen erfolgt allerdings über das Konto eines von ihnen ausgewählten SM. Third Parties haben keinen direkten Zugang zur CLSB. Sie bedienen sich zur Abwicklung ihrer Transaktionen über CLS eines SM, mit dem sie in Vertragsbeziehung stehen.

Commercial Letter of Credit

1. *Begriff:* Der Commercial Letter of Credit (CLC) zählt zur Gruppe der negoziierbaren Akkreditive. Die akkreditiveröffnende Bank verpflichtet sich im Commercial Letter of Credit, Tratten, die vom Akkreditivbegünstigten auf den im Commercial Letter of Credit benannten Bezogenen (auf die akkreditiveröffnende Bank oder auf einen Dritten) gezogen sind, ohne Rückgriff auf den Aussteller (Akkreditivbegünstigten) und/oder gutgläubigen Inhaber zu bezahlen, sofern die vorgeschriebenen Dokumente vorgelegt werden und die Akkreditivbedingungen erfüllt sind. Im Commercial Letter of Credit ist diese Akkreditivverpflichtung der akkreditiveröffnenden Bank im Allgemeinen als sogenannte Bona-Fide-Klausel aufgenommen.

2. *Gestaltung und Abwicklung:* Die Möglichkeiten zur Ausgestaltung von Commercial Letters of Credit entsprechen grundsätzlich jenen der anderen Akkreditive: Commercial Letters of Credit sind unwiderruflich und können darüber hinaus unbestätigt oder bestätigt, übertragbar oder nicht übertragbar gestellt sein. Im Gegensatz zu anderen Akkreditivarten ist

der Commercial Letter of Credit unmittelbar an den Begünstigten adressiert. Allerdings erfolgt die Zustellung des Originalkreditbriefs in der Praxis nicht direkt an den Begünstigten, sondern wird diesem von der akkreditiveröffnenden Bank über eine Korrespondenzbank im Land des Begünstigten zugestellt.

3. *Negoziierung:* Der Commercial Letter of Credit sieht im Allgemeinen vor, dass der Begünstigte den Originalkreditbrief, die Tratte sowie die Dokumente bei einer beliebigen, von ihm selbst auszuwählenden Bank fristwahrend einreichen und negoziieren (bevorschussen) lassen kann. Bei unbestätigten Commercial Letters of Credit ist zu beachten, dass die vom Begünstigten zur Einreichung des Commercial Letters of Credit, der Dokumente und der Tratte ausgewählte Bank trotz der akkreditivrechtlichen Ansprüche an die Akkreditivbank nicht verpflichtet ist, einem Antrag des Akkreditivbegünstigten auf Negoziierung (im Sinn einer Kreditgewährung) zu entsprechen.

CREDEURO

Konvention für eine europaweite EU-Standardüberweisung, vom EPC im November 2002 angenommen. Die CREDEURO-Konvention schafft einen Standard für die Abwicklung von EU-Standardüberweisungen; hierzu sind seitens des Bankkunden bestimmte Mindestanforderungen – wie Angabe der IBAN und des BIC – erforderlich. Dafür wird ihm eine maximale Abwicklungszeit von drei Tagen zugesichert (vom Tag der Auftragsannahme bis zum Tag der Gutschrift auf dem Konto des Begünstigten).

Cross Rate

Kreuzkurs; Wechselkurs zweier Währungen, die nicht die heimische Währung sind. Eine Cross Rate lässt sich errechnen, indem man z. B. Euro-US-Dollar und Euro-Yen nimmt, um den US-Dollar-/Yen-Kurs zu ermitteln.

Cyber-Risiken

Der Begriff Cyber stammt von dem griechischen **kubernētēs** (κυβερνᾶν), was so viel bedeutet wie „Tätigkeit des Steuermanns". Unter Cyber-Risiken versteht man Risiken, die beim Navigieren in einer digitalen und vernetzten Welt (dem Cyberraum) entstehen.

Cyber-Risiken bestehen zum einen durch die Möglichkeit vorsätzlicher, zielgerichteter IT-gestützter Angriffe auf Daten und IT-Systeme. Diese Angriffe sind geeignet, die folgenden Konsequenzen hervorzurufen: Verletzung der Vertraulichkeit von Daten (z. B. Datenverluste, Ausspähen von Daten), Verletzung der Integrität des Systems oder der Daten (z. B. Datenverfälschung, unter Umständen mittels Schadsoftware), Verletzung der Verfügbarkeit des IT-Systems oder der Daten (z. B. interne Betriebsunterbrechungen, Ausfall der Kommunikationswege mit Dritten).

Zum anderen bestehen Cyber-Risiken durch die missbräuchliche Nutzung der Eigenschaften des Cyber-Raums, Informationen sehr schnell, in großer Menge, kostengünstig und weitreichend zu verbreiten (z. B. E-Mail-Kampagnen gegen Unternehmen, Boykottaufrufe über soziale Medien) sowie durch „Social Hacking".

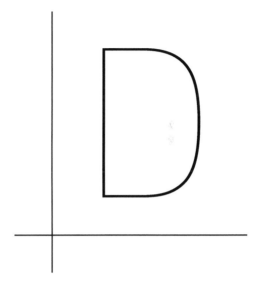

© Springer Fachmedien Wiesbaden GmbH, ein Teil von Springer Nature 2019
Springer Fachmedien Wiesbaden (Hrsg.), *250 Keywords Bankwirtschaft*,
https://doi.org/10.1007/978-3-658-23658-8_4

Dauerauftrag

Auftrag für Überweisungen von regelmäßig in gleicher Höhe wiederkehrenden Zahlungen an denselben Empfänger (z. B. Mieten, Versicherungsprämien). Die Bank haftet für termingerechte Erfüllung des Dauerauftrages. Die Eröffnung, Änderung und Löschung von Daueraufträgen durch den Bankkunden wird zunehmend im Wege des Onlinebankings vorgenommen.

Debitkarte

Zahlungskarte, die von Kreditinstituten herausgegeben wird und für Bargeldabhebungen am Geldausgabeautomaten und für bargeldlose Zahlungen am Point of Sale (POS) genutzt wird (bargeldloser Zahlungsverkehr). Nach dem Einsatz einer Debitkarte reicht der Händler die über ihn getätigten Transaktionen in der Regel gesammelt bei seinem Kreditinstitut ein, woraufhin die Transaktionsbeträge den Konten der Karteninhaber sofort im Wege des Interbank-Clearing belastet werden. Eine Vorfinanzierung des Transaktionsbetrags durch Kreditinstitute, der Kartenorganisationen oder Kartenakzeptanten bis zu einer späteren Rechnungsstellung, wie bei echten Kreditkarten oder Chargekarten findet nicht statt.

Die Debitkarten des deutschen Kreditgewerbes (girocard, bis 2007: electronic cash) haben sich im Laufe der Zeit zu Multifunktionskarten entwickelt:

a) Durch die Kooperation mehrerer Systeme auf einer Karte (z. B. girocard und Maestro) können die Karten national wie international an einer Vielzahl von Verkaufspunkten genutzt werden. National dient die Karte auch als Grundlage für das elektronische Lastschriftverfahren (ELV). Für die internationale Nutzung stehen Maestro und V PAY zur Verfügung.

b) Sie dienen in Verbindung mit der persönlichen Identifikationsnummer (PIN) der Autorisierung bei Bargeldabhebungen an Geldausgabeautomaten (GAA) sowie der Nutzung von SB-Terminals der Kreditinstitute.

c) Der auf der Debitkarte aufgebrachte Chip kann verschiedene (Zusatz-) Funktionen beinhalten, z. B. eine elektronische Geldbörse (Geldkarte, girogo), ein Jugendschutzmerkmal oder ein elektronisches Parkticket.

Deckung

Einer in Auftrag gegebenen Überweisung, einer bei der Zahlstelle eingehenden Lastschrift, einem ausgestellten Scheck oder Wechsel stehen
ausreichende Deckungsmittel auf dem Konto des Auftraggebers, Zahlungspflichtigen, Ausstellers bzw. Bezogenen gegenüber – sei es als Kon-
toguthaben oder als verfügbarer Kreditlinie.

Deferred Payment Akkreditiv

Dokumentenakkreditiv, bei dem der Begünstigte (im Gegensatz zum
Sichtakkreditiv) dem Akkreditiv-Auftraggeber (Importeur) ein Zahlungsziel einräumt und erst nach einer bestimmten Frist nach Dokumentenaufnahme Anspruch auf Zahlung hat, und zwar an dem nach den
Akkreditivbedingungen bestimmbaren Datum (z. B. 90 Tage nach Waren-
versanddatum). Die Auszahlung erfolgt zu einem späteren, nach den Ak-
kreditvbedingungen genau bestimmbaren, um die sogenannte Nachsicht-
frist hinausgeschobenen Fälligkeitstag. Der Exporteur kann auf diese
Weise dem Importeur ein Zahlungsziel gewähren ohne die Sicherheit des
abstrakten Zahlungsversprechens der eröffnenden Bank zu verlieren.

Deutsche Kreditwirtschaft

In der Deutschen Kreditwirtschaft (DK) sind die kreditwirtschaftlichen
Verbände in Deutschland zusammengeschlossen. In der DK erfolgt die
Abstimmung bankrechtlicher, bankpolitischer und bankpraktischer Fra-
gen. Ein Schwerpunkt der DK ist insbesondere die Standardisierung im
Zahlungsverkehr einschließlich der Kartenzahlungssysteme. Die Feder-
führung wechselt jährlich zwischen dem Bundesverband der Deutschen
Volksbanken und Raifeisenbanken, dem Bundesverband deutscher Banken sowie dem Deutschen Sparkassen- und Giroverband. Die Entschei-
dungsfindung erfolgt nach dem Einstimmigkeitsprinzip. Die DK vertritt
die deutschen kreditwirtschaftlichen Spitzenverbände gegenüber den ge-
setzgebenden Organen, der Regierung, den Behörden sowie bank- und
finanzwirtschaftlichen Institutionen auf nationaler, europäischer und internationaler Ebene. Die DK übernimmt darüber hinaus die Presse- und
Öffentlichkeitsarbeit.

Devisen

1. *Devisen im weiteren Sinne:* Ansprüche auf Zahlungen in fremder Währung an einem ausländischen Platz, meist in Form von Guthaben bei ausländischen Banken sowie von auf fremde Währung lautenden, im Ausland zahlbaren Schecks und Wechseln.

2. *Devisen im engeren Sinne:* Von Inländern gehaltene Bestände an ausländischen Währungen bzw. bei ausländischen Banken gehaltene Guthaben; in diesem Sinn häufig in der Praxis des Devisenhandels verstanden. Im Sprachgebrauch auch auf Sorten und Noten (ausländisches Bargeld) angewendet, im strengen Wortsinn jedoch auf Giralgeld (Sichteinlagen) beschränkt.

3. *Arten* (nach Fälligkeit):

(1) Kassadevisen;

(2) Termindevisen.

Digitale Signatur

Ein mit einem privaten Signaturschlüssel erzeugtes Siegel zu digitalen Daten, das mithilfe eines zugehörigen öffentlichen Schlüssels, der mit einem Signaturschlüssel-Zertifikat einer Zertifizierungsstelle oder Behörde versehen ist, den Inhaber des Signaturschlüssels und die Unverfälschtheit der Daten erkennen lässt. Digitale Signaturen finden Anwendung unter anderem in den Bereichen der Sozialversicherungen, dem Gesundheitswesen, von Steuerdaten und Onlinediensten.

Direktbank

Kreditinstitute, die Finanzdienstleistungen anbieten, ohne ein Filialnetz vorzuhalten. Bankgeschäfte werden zumeist per Internet, per Fax, oder telefonisch aufgegeben. Beratung findet nur geringfügig oder gar nicht statt. Durch die dadurch verringerten Verwaltungsaufwendungen können Bankgeschäfte günstiger angeboten werden. Direktbanken lassen sich durch die avisierten Zielgruppen bzw. die angebotene Produktpalette unterscheiden. Zielgruppen für den Direktvertrieb als Alternative zur klassischen Filialbank sind vor allem serviceorientierte, konditionenbewusste und bequeme Kunden. Zudem müssen die Kunden einer Direktbank den Informations- und Telekommunikationstechnologien aufgeschlossen gegenüberstehen. Universalanbieter bieten alle wichtigen Standardangebote einer Universalbank an. Spezialanbieter hingegen vertreiben lediglich einen Teil der möglichen Finanzdienstleistungen. In der Regel bieten Direktbanken folgende Leistungen des traditionellen Bankgeschäfts an: Zahlungsverkehrsdienstleistungen, Kreditkartengeschäft, Vergabe von Krediten, Aufnahme von Spareinlagen und Termingeldern, An- und Verkauf von Wertpapieren (Brokerage), Vorsorgedienstleistungen und Beratungsdienstleistungen (z. B. bezüglich Altersvorsorge oder Immobilienfinanzierung).

Zu den Stärken des Direktbanken-Konzeptes zählen der Verzicht auf ein kostenintensives Filialnetz, die Unabhängigkeit von Öffnungszeiten, die Ortsunabhängigkeit und die durch den intensiven Wettbewerb ausgelöste Innovationskraft. Als Schwächen gelten der mangelnde persönliche Kontakt, eine Verringerung der Kundenloyalität, ein hoher technischer Aufwand zur Gewährleistung der Sicherheit und tendenziell geringere Margen.

Klassische Kreditinstitute, die elektronische Vertriebswege im Rahmen von Multikanalaktivitäten als Ergänzung zu ihren Filialen nutzen, gelten nicht als Direktbanken. In diesem Zusammenhang spricht man von *Direct Banking* als Vertriebsweg.

Distributed Ledger Technologie (DLT)

1. *Begriff*: Bei der Distributed Ledger Technologie (DLT) handelt es sich um eine spezielle Form der elektronischen Datenverarbeitung und – speicherung. Als Distributed Ledger oder „Verteiltes Kontenbuch" wird eine dezentrale Datenbank bezeichnet, die Teilnehmern eines Netzwerks eine gemeinsame Schreib- und Leseberechtigung erlaubt. Im Gegensatz zu einer zentral verwalteten Datenbank bedarf es in diesem Netzwerk keiner zentralen Instanz, die neue Einträge in der Datenbank vornimmt. Neue Datensätze können jederzeit von den Teilnehmern selbst hinzugefügt

werden. Ein anschließender Aktualisierungsprozess sorgt dafür, dass alle Teilnehmer jeweils über den neuesten Stand der Datenbank verfügen. Eine besondere Ausprägung der DLT ist die Blockchain.

2. *Ausgestaltungen*: Abhängig von den Zugangsmöglichkeiten der Teilnehmer in einem Netzwerk lassen sich Distributed Ledgers in „permissioned" und „unpermissioned" Ledgers unterteilen. Während letztere für jedermann offen zugänglich sind (wie z. B. die Blockchain im Bitcoin-Netzwerk), ist der Zugang zum Kontenbuch bei ersteren reguliert. Teilnehmer in Netzwerken mit permissioned Ledgers sind in der Regel registriert und erfüllen bestimmte Voraussetzungen für den Zugang zum Kontenbuch. Mit der Wahl des Kreises der Zugriffsberechtigten (offener oder beschränkter Teilnehmerkreis) hängt auch die Wahl des Konsensmechanismus zusammen. So werden für unpermissioned Ledgers primär Proof-of-Work-Mechanismen eingesetzt, da für die Validierung von Einträgen kein Vertrauen unter den Teilnehmern notwendig ist. Bei permissioned Ledgers hingegen werden häufiger Proof-of-Stake oder PBFT-Konsensmechanismen verwendet, die weniger Rechenkapazität benötigen. Die Schaffung einer Vertrauensbasis erfolgt in diesem Fall bereits durch die Zulassung der Teilnehmer zum Netzwerk.

Drei-Parteien-System

Die Abwicklung von Kartenzahlungen erfolgt in der Regel in Drei- oder Vier-Parteien-Systemen. Ein Drei-Parteien-System (z. B. American Express) besteht aus den folgenden Stakeholdern:

a) Kartenscheme, das sowohl für die Anwerbung des Händlers zur Akzeptanz der Kreditkarte (Acquiring), als auch für die Ausgabe der Kreditkarte an den Kunden (Issuing) verantwortlich ist;

b) Karteninhaber (Kunde);

c) Akzeptanzstelle (Händler).

Einige Drei-Parteien-Systeme geben Lizenzen an dritte Zahlungsdienstleister heraus, um Händler zu gewinnen (Acquiring-Lizenz) und/oder selbst Karten auszugeben (Issuing-Lizenz).

DTA

Abkürzung für *Datenträgeraustauschverfahren, belegloser Datenträgeraustausch.* Standardisierter belegloser Austausch von Zahlungsdateien. durch Datenfernübertragung (DFÜ) oder per Datenträger. Austauschbeteiligte waren Kontrahenten im Interbankenverkehr und Kunden. Im Rahmen der SEPA-Migration erfolgte eine sukzessive Umstellung der bisher im DTA-Standard abgewickelten Zahlungsinstrumente (Überweisungen, Lastschriften, Scheck- sowie Kartenzahlungen) auf den ISO 20022-Standard (xml-Format).

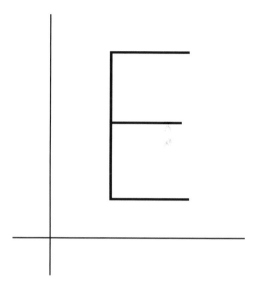

© Springer Fachmedien Wiesbaden GmbH, ein Teil von Springer Nature 2019
Springer Fachmedien Wiesbaden (Hrsg.), *250 Keywords Bankwirtschaft*,
https://doi.org/10.1007/978-3-658-23658-8_5

E-Commerce

1. *Allgemein:* Teil des Electronic Business, der den Kauf und Verkauf von Waren und Leistungen über elektronische Verbindungen umfasst.

2. *Merkmale:* Jede Art von geschäftlichen Transaktionen (z. B. Verkauf oder Kauf von Waren und Dienstleistungen) sowie elektronisch abgewickelte Geschäftsprozesse (z. B. Werbung, „After-Sales-Services", Onlinebanking), bei denen die Beteiligten auf elektronischem Wege (z. B. über das Internet oder Netzwerke von Mobilfunkanbietern) miteinander verkehren und nicht durch physischen Austausch in direktem physischen Kontakt stehen.

E-Geld

Elektronisches Geld, digitales Geld; elektronisch, darunter auch magnetisch, gespeicherter monetärer Wert in Form einer Forderung gegenüber dem Emittenten, der gegen Zahlung eines Geldbetrages ausgestellt wird, der auch von anderen natürlichen oder juristischen Personen als dem E-Geld-Emittenten angenommen wird. Eine Transaktion mit E-Geld erfolgt nicht notwendigerweise über Bankkonten, sondern die Werteinheiten auf dem Speichermedium fungieren als vorausbezahltes Inhaberinstrument. Daher sind die elektronischen Werteinheiten mit Bargeld vergleichbar. E-Geld kann z. B. auf einer Chipkarte (kartengestützte Systeme) oder einem PC (softwaregestützte Systeme) gespeichert werden. In Europa darf E-Geld nur von Kreditinstituten und sogenannte Electronic Monetary Institutions (ELMIS) begeben werden; auch die letztgenannten Institute fallen in Deutschland unter die Finanzaufsicht nach dem Kreditwesengesetz (KWG), da die Herausgabe von E-Geld als Bankgeschäft definiert worden ist.

International hat sich das E-Geld in den letzten Jahren nicht in der erwarteten Weise etablieren können. In Deutschland gibt es mit der Geldkarte bzw. girogo ein von deutschen Kreditinstituten gemeinsam betriebenes E-Geld-System.

EBA

1. Abkürzung für *Euro Banking Association*. Die EBA (bis 1997 firmierte sie als ECU Banking Association) wurde 1985 auf Initiative europäischer Geschäftsbanken für die Verrechnung und den Saldenausgleich in privaten ECU über das von ihr betriebene und mittlerweile eingestellte ECU Clearing System gegründet. Die EBA ist als Non-Profit-Verbund unter französischem Recht konstituiert. Heutiger Geschäftszweck ist die Förderung paneuropäischer Zahlungsverkehrsinitiativen und Geschäftspraktiken. Der EBA gehören derzeit rund 180 Institutionen an, die größtenteils in der EU domiziliert sind.

2. Abkürzung für *European Banking Authority*.

EBA CLEARING

EBA CLEARING ist Eigentümer und Betreiber des Euro-Individualzahlungssystems EURO1, des STEP1-Zahlungssystems auf der EURO1-Plattform sowie der Euro-Massenzahlungsverkehrssysteme STEP2 für die Abwicklung von SEPA-Überweisungen, SEPA-Lastschriften und SEPA-Kartenzahlungen und RT1 für die Abwicklung von SEPA-Instant-Überweisungen.

Eingang vorbehalten (E.V.)

Vorbehaltsklausel bei Gutschriftsanzeigen im Rahmen der Inkassi von Wechsel, Schecks, Lastschriften. Die Gutschrift steht nach Nr. 9 – (1) AGB Banken unter dem Vorbehalt, dass die Bank den Betrag erhält. Werden die Einzugspapiere nicht eingelöst, macht die Bank die Vorbehaltsgutschrift wieder rückgängig. Grundsätzlich gelten Lastschriften und Schecks als eingelöst, wenn die Belastungsbuchung nicht spätestens am zweiten Bankarbeitstag nach ihrer Vornahme rückgängig gemacht wird (Nr. 9 – (2) AGB Banken).

Electronic Banking

1. *Begriff:* Ausübung von Bankgeschäften unter Nutzung von Informations- und Kommunikationstechnologien. Die EDV wird genutzt, um Daten zu erfassen, zu verarbeiten, zu transportieren und wieder zur Verfügung zu

stellen, etwa über Terminals, Computer, Leitungsnetze etc., um diese Funktionen beleglos und automatisch zu erfüllen.

2. *Einsatzbereiche:*

a) im *Interbankenverkehr* besonders zur Abwicklung des Zahlungsverkehrs (elektronischer Zahlungsverkehr);

b) im *Kundenverkehr* durch

(1) Bereitstellung von Selbstbedienungsautomaten (Geldausgabeautomaten (GAA), Kontoauszugsdrucker (KAD));

(2) Unterstützung von bargeldlosen Zahlungsvorgängen (Point of Sale-Banking, kartengesteuertes Zahlungssystem);

(3) Nutzung von Datennetzen (Internet) zur Kommunikation mit Privat- und Geschäftskunden (Homebanking/Onlinebanking, Cash Management).

Electronic Banking Internet Communication Standard

Electronic Banking Internet Communication Standard (EBICS) ist ein internetbasierter Standard für die Datenfernübertragung zwischen Kunde und Zahlungsdienstleister. Darüber hinaus wird EBICS auch in der Bank-Bank-Kommunikation eingesetzt. Der EBICS-Standard wurde vom Zentralen Kreditausschuss (ZKA) (heute Die Deutsche Kreditwirtschaft) entwickelt und wird seit dem 1. Januar 2008 von allen Zahlungsdienstleistern in Deutschland verpflichtend unterstützt. Die Weiterentwicklung und Pflege des Standards erfolgt seit dem 17. Juni 2010 durch die EBICS SCRL, eine gemeinsame Gesellschaft von Die Deutsche Kreditwirtschaft, des französischen CFONB (Comité Française d'Organisation et de Normalisation Bancaires) und – seit Januar 2015 – der Schweizer Kreditwirtschaft, vertreten durch die SIX Interbank Clearing.

Electronic-Cash-System

Deutsches Zahlungsverfahren, das es Bankkunden ermöglicht, mittels ihrer girocard (Debitkarte, Bankkundenkarte) und Eingabe der persönlichen Identifikationsnummer (PIN) am Point of Sale (POS)-Terminal im Handel zu bezahlen. Die positive Onlineautorisierung durch eine Autorisierungszentrale, welche die Prüfung der PIN, der Echtheit der Karte, einer eventuellen Sperre und der Deckung umfasst, garantiert dem Händler die unbedingte Zahlung. Die endgültige Belastung erfolgt im Interbank-Clearing zwischen Händlerbank und kartenausgebender Bank. Eine Sonderform des Electronic-Cash-Verfahrens ist das Electronic-Cash-Offline-Verfahren. Im Gegensatz zum „echten" Electronic-Cash-Verfahren findet hier grundsätzlich keine Onlineautorisierung statt. Vielmehr wird anhand des Chips auf der Bankkundenkarte nach einer PIN-Identifikation abgeprüft, ob durch die aktuell vorliegende Zahlung ein vorher festgesetzter Höchstbetrag (z. B. 1.500 Euro) und ein ebenfalls vorher festgesetzter Zeitraum (z. B. 90 Tage) überschritten werden. Ist eine der beiden Voraussetzungen erfüllt, erfolgt eine Onlineautorisierung durch eine Autorisierungszentrale.

Das Electronic-Cash-System wird von der deutschen Kreditwirtschaft getragen und stetig weiterentwickelt.

Electronic Payment Systems Observatory (epSO)

Ursprünglich von der Europäischen Kommission im Jahr 2000 ins Leben gerufene Initiative zum besseren Informationsaustausch über den elektronischen Zahlungsverkehr, die im Frühjahr 2003 von der Europäischen Zentralbank (EZB) fortgeführt wurde. Bei epSO handelt es sich um eine offene Infrastruktur zum gegenseitigen Informationsaustausch über den elektronischen Zahlungsverkehr. Das Ziel von epSO ist es, den Meinungsaustausch zwischen den Marktteilnehmern zu fördern und als Informationsquelle zu dienen.

Elektronische Geldbörse

Speichermedium für elektronisches Geld (E-Geld).

Elektronischer Massenzahlungsverkehr der Deutschen Bundesbank (EMZ)

Der Elektronische Massenzahlungsverkehr (EMZ) ist eine Zahlungsverkehrsplattform der Deutschen Bundesbank für die Abwicklung des nationalen und europäischen Massenzahlungsverkehrs im Interbankenbereich.

Der EMZ umfasst die technisch unabhängigen Komponenten SEPA-Clearer und Scheckabwicklungsdienst. Das Leistungsangebot im SEPA-Clearer des EMZ umfasst das Clearing von auf Euro lautenden nationalen und grenzüberschreitenden SEPA-Überweisungen, SEPA-Lastschriften und SEPA-Kartenzahlungen. Der Scheckabwicklungsdienst des EMZ umfasst die Verarbeitung von auf Euro lautenden Scheckzahlungen zwischen im Inland ansässigen Kreditinstituten. Die Verrechnung sowohl des SEPA-Clearers des EMZ als auch des Scheckabwicklungsdienstes des EMZ erfolgt jeweils auf Basis der einzelnen Dateisummen auf Konten in TARGET2 (Bruttoprinzip). Zur Gewährleistung einer europaweiten flächendeckenden Erreichbarkeit (Interoperabilität) des SEPA-Clearers des EMZ verfügt die Deutsche Bundesbank über verschiedene Kooperationen und bilaterale Verbindungen zu anderen europäischen Automated Clearing Houses (ACH).

Elektronischer Zahlungsverkehr

1. *Begriff:* Beleglose Erfassung und Abwicklung des bargeldlosen Zahlungsverkehrs.

2. *Verfahren:*

a) Im zwischenbetrieblichen Zahlungsverkehr mit Zahlungsdienstleistern, bei dem die Daten beleghaft eingereichter Zahlungsaufträge beim erstbeauftragten Zahlungsdienstleister über Eingabeterminals, Schriftlesegeräte oder Scanner in elektronische Datensätze umgewandelt und mittels Datenfernübertragung an das endbegünstigte Institut/die Zahlstelle weitergeleitet werden, das/die die eingehenden Aufträge ohne Erstellung eines Beleges auf dem Konto des Zahlungsempfängers/des Zahlungspflichtigen gutschreibt bzw. belastet. Neben der beleghaften Einreichung beim erstbeauftragten Zahlungsdienstleister ist ebenfalls die beleglose (elektronische) Einreichung von bereits durch den Einreicher erstellten Datensätzen mittels Datenfernübertragung möglich.

b) Im Zahlungsverkehr mit Nichtbanken im weiteren Sinne,

(1) bei dem der Zahlungsdienstenutzer Lastschriften und Überweisungen in elektronischer Form erteilt (Homebanking, Selbstbedienungsbank, Onlinedienste),

(2) bei dem der Handel (Kartenakzeptant) die mit einer Zahlungskarte ausgelösten Zahlungsvorgänge bereits an entsprechenden Terminals elektronisch erfasst (Point of Sale Banking, Electronic Cash) und anschließend, wie oben beschrieben, an einen Zahlungsdienstleister zur Ausführung weiterleitet.

ELV

Abkürzung für *elektronisches Lastschriftverfahren.* Von Handels- und Dienstleistungsunternehmen in Deutschland getragenes Verfahren zur bargeldlosen Bezahlung am Point-of-Sale-Kassenterminal. Anhand der Daten auf der Bankkundenkarte wird eine Lastschrift – seit 1. Februar 2016 nach dem SEPA-Lastschriftverfahren – generiert. Diese wird durch die Unterschrift des Karteninhabers in Kraft gesetzt. Eine Zahlungsgarantie für das Unternehmen gibt es hier nicht.

Vom deutschen Kreditgewerbe wird das ELV auch als „wildes Verfahren" bezeichnet, da hierfür nicht die vom Kreditgewerbe verabschiedeten Bedingungen für Bankkundenkarten gelten und auch keine Sperrabfrage seitens des Kreditgewerbes erfolgt.

EONIA

Abkürzung für *Euro Overnight Index Average;* am 4.1.1999, im Rahmen der Europäischen Wirtschafts- und Währungsunion in Kraft getretenes System der Referenzzinssätze im Eurogeldmarkt. EONIA ist ein auf Basis tatsächlich getätigter Umsätze berechneter Durchschnittszinssatz für Tagesgeld im Euro-Interbankengeschäft. Zur Ermittlung des EONIA berechnet jede der rund 30 berichtenden Banken täglich das Gesamtvolumen der Umsätze mit unbesichertem Übernachtgeld und den gewichteten Durchschnittszins für dieses Tagesvolumen. Diese Daten werden von jeder berichtenden Bank an die EZB gemeldet, die daraus wiederum einen gewichteten Durchschnittszins berechnet. Der so ermittelte EONIA ist für die Banken ein wichtiger Referenzzinsatz. Der EONIA dient für Finanzinstrumente wie beispielsweise EONIA-Swaps als Basiswert.

EPC

Abkürzung für *European Payments Council.* Zur Erreichung der SEPA (Single Euro Payments Area) einigte sich der europäische Bankensektor im Sommer 2002 auf eine Führungs- und Verwaltungsstruktur im Zahlungsverkehr. Ziel ist die Absprache europaweit geltender Standards und Verfahren im Massenzahlungsverkehr für nationale und grenzüberschreitende Euro-Zahlungen. Der EPC ist dabei das wichtigste Entscheidungs- und Koordinierungsgremium. Mitglieder sind neben europäischen und nationalen Bankenvereinigungen auch große Institute sowie die Euro Banking Association (EBA). Der EPC ist eine Non-Profit Organisation nach belgischem Recht. Er besteht aus einer Generalversammlung von ca. 70 Delegierten, die die Mitglieder des Vorstands (EPC Board) wählen. Der Vorstand wird durch das Scheme Management Board und Arbeitsgruppen aus den Gebieten Karten, Barzahlungen, Recht und Sicherheit unterstützt. Aufgabe des Scheme Management Boards und seiner Unterarbeitsgruppen (z. B. Compliance and Adherence Committee oder Scheme Evolution and Maintenance Working Group) ist die Verwaltung und die Weiterentwicklung der SEPA-Verfahren unter Beteiligung von Vertretern der Zahlungsdienstnutzer und technischer Dienstleister (Scheme End-User Forum, Scheme Technical Forum). Das Europäische System der Zentralbanken (Eurosystem, kurz ESZB) ist bei den Sitzungen des EPC und den meisten Arbeitsgruppen als Beobachter eingeladen.

Erfüllungsrisiko

Das Risiko, dass der Zahlungsausgleich in einem Zahlungssystem nicht wie erwartet stattfindet. Dieses Risiko beruht im Grunde auf Bonitätsproblemen, die sich dann in mangelnder Kreditwürdigkeit und Liquidität niederschlagen. Es kann auch durch operationelle Risiken (Mängel von Informationssystemen oder internen Kontrollen, menschliches Versagen oder Führungsfehler) entstehen. Mit Bezug auf den Konkurs des Bankhauses Herstatt 1974 wird im Devisenhandel das Erfüllungsrisiko gelegentlich auch als *Herstatt-Risiko* bezeichnet.

EU-Preisverordnung

Verordnung über grenzüberschreitende Zahlungen in Euro, mit der Verordnung (EG) Nr. 924/2009 über grenzüberschreitende Zahlungen in der Gemeinschaft (Preisverordnung) soll sichergestellt werden, dass für grenzüberschreitende Zahlungen die gleichen Entgelte erhoben werden wie für entsprechende Zahlungen innerhalb eines Mitgliedstaats. Darüber hinaus enthielt die Verordnung Bestimmungen zur Bereitstellung und Angabe von IBAN (International Bank Account Number) und BIC (Bank Identifier Code) durch Zahlungsdienstleister bzw. Zahlungsdienstnutzer sowie die Pflicht für Zahlungsdienstleister in Euro-Ländern, die Erreichbarkeit für grenzüberschreitende Lastschriften zum 1. November 2010 herzustellen, sofern der jeweilige Zahlungsdienstleister für nationale Lastschriften erreichbar ist. Diese Bestimmungen wurden in 2012 in die sogenannte SEPA-Verordnung übernommen und erweitert. Die Preisverordnung gilt grundsätzlich in allen EU-Mitgliedstaaten für alle Überweisungen, Lastschriften, Geldabhebungen am Geldautomaten, Zahlungen per Kredit- und Debitkarte sowie Finanztransfers. Mitgliedstaaten, die nicht der Eurozone angehören, können die Anwendung dieser Verordnung dahingehend ausdehnen, dass für grenzüberschreitende Zahlungen in Euro die gleichen Entgelte erhoben werden wie für vergleichbare Inlandszahlungen in der Landeswährung. Die Preisverordnung ersetzt seit 1. November 2009 die frühere Verordnung (EG) Nr. 2560/2001 und wurde 2012 durch die Verordnung Nr. 260/2012 (SEPA-Verordnung) geändert.

EURIBOR

Abkürzung für *Euro Interbank Offered Rate;* im Rahmen der Europäischen Wirtschafts- und Währungsunion geltender Geldmarktzinssatz am Euromarkt.

Der EURIBOR ist ein Durchschnittszinssatz für unbesicherte Euro-Kredite. Zur Berechnung melden mehr als 30 ausgewählte Banken täglich, welches der höchstgebotene Zinssatz dafür ist, dass eine Bank einer anderen Bank von hoher Bonität einen unbesicherten Euro-Kredit gewährt. Anders als der EONIA berucht der EURIBOR nicht auf tatsächlichen Umsätzen, sondern auf Angaben über Marktbeobachtungen. EURIBOR-Zinssätze werden für Kredite mit unterschiedlichen Laufzeiten berechnet, darunter eine Woche sowie ein, drei, sechs und zwölf Monate. Im Euroraum ist der EURIBOR der maßgebliche Zinssatz für eine große Zahl von Krediten, darunter zum Beispiel Hypothekendarlehen mit variabler Verzinsung.

Euro Retail Payments Board (ERPB)

Treibt die nächsten Schritte zur weiteren europäischen Integration des Massenzahlungsverkehrs voran. Es handelt es sich um ein europäisches Gremium, in dem Nutzer und Anbieter in gleicher Anzahl vertreten sind. Es steht unter dem Vorsitz der EZB, zusätzlich sind die nationalen Zentralbanken, wie etwa die Bundesbank, beteiligt.

Euro1

1. *Begriff:* Paneuropäisches Individualzahlungssystem der EBA, das zu Beginn der Europäischen Währungsunion (EWU) am 4.1.1999 als Nachfolger des ECU Clearing und Settlement System in Betrieb genommen wurde. Euro1 ist ein Nettozahlungssystem und konzipiert für die Abwicklung von grenzüberschreitenden, kommerziellen Euro-Zahlungen (Kundenzahlungen). Euro1 könnte als paneuropäisches Komplementär- Angebot zu TARGET2, das vor allem finalitätsbedürftige Interbank-Zahlungen abwickelt, gesehen werden. Aber in der Praxis stehen beide Zahlungsverkehrsplattformen im Wettbewerb bei kommerziellen Zahlungen.

2. *Charakteristika:* Euro1 wird technisch von SWIFT betrieben, basiert auf einer SWIFT-Infrastruktur und nutzt SWIFT-Nachrichtentypen.

Phasen: Während der Clearing-Phase im Laufe des Tages werden Zahlungsnachrichten kontinuierlich verarbeitet und einem multilateralen Abgleich unterzogen. Bis 16 Uhr können Zahlungsnachrichten gesendet werden, ehe in der Settlement-Phase via TARGET2 die Tagesendsalden verrechnet werden. Der Zahlungsausgleich erfolgt durch TARGET2- Zahlungen der Nettoschuldner auf das Konto der EBA bei der Europäischen Zentralbank (EZB) und von dort an die Nettogläubiger. Der Teilnehmerkreis besteht aus Banken, die ein hohes Euro-Zahlungsverkehrsaufkommen generieren und die ihren Sitz bzw. eine Niederlassung in der EU haben. Die Risiken dieses Nettosystems werden neben Bonitätsanforderungen an die Teilnehmer, durch Limite für die Zahlungsströme (Credit und Debit Cap), einen täglich bei der EZB zu unterhaltenden Liquiditäts-pool von einer Mrd. Euro und der sogenannten Single Obligation Structure (SOS) minimiert. SOS beruht auf deutschem Recht und wird von allen Gesetzgebungen der Euro1-Teilnehmer anerkannt; und besagt, dass die zu jedem beliebigen Zeitpunkt während des Tages geschaffene multilaterale Nettoposition in diesem Moment die jederzeit gültige und durchsetzbare Zahlungsverpflichtung bzw. -forderung repräsentiert. Einzelne bilaterale Forderungen und Verbindlichkeiten gehen in diesem Nettosaldo unter.

Europäische Zentralbank (EZB)

Die Europäische Zentralbank (EZB) mit Sitz in Frankfurt am Main ist seit der Einführung des Euro zu Jahresbeginn 1999 die Währungsbehörde für die Mitgliedstaaten der Wirtschafts- und Währungsunion. Oberstes Be-schlussorgan der EZB ist der EZB-Rat, dem die sechs Mitglieder des EZB-Direktoriums sowie die Gouverneure bzw. Präsidenten der Zentral-banken der Länder des Euro-Währungsgebiets angehören. Der EZB-Rat bestimmt insbesondere über die Geldpolitik des Eurosystems. In Reaktion auf die Finanz- und Staatsschuldenkrise wurde der EZB im Jahre 2012 eine führende Rolle in der europäischen Bankenaufsicht zugeteilt.

Europäischer Zahlungsverkehr

Im Zuge der europäischen Integration – hauptsächlich mit Beginn der Europäischen Währungsunion 1999 – hat sich in der EU ein eigener Euro-päischer Zahlungsverkehr entwickelt. Vor allem die Schaffung des TAR-GET-Systems durch das Europäische System der Zentralbanken (ESZB) und das paneuropäische Individualzahlungssystem Euro1 der EBA trieben diese Entwicklung voran.

Während im Individualzahlungsverkehr sich recht rasch ein europäischer Zahlungsverkehrsraum herausgebildet hat, kam dieser Harmonierungs-prozess im grenzüberschreitenden Massenzahlungsverkehr nur sehr mühsam voran. Im Anschluss an die EU-Preisverordnung und die soge-nannte SEPA-Verordnung intensivierte das europäische Kreditgewerbe seine Bemühungen zur Erreichung der Single Euro Payments Area (SEPA) und führte SEPA im Februar 2014 ein. Trotz dieser Integration gibt es nach wie vor im Europäischen Zahlungsverkehr nicht unerhebliche Zahlungsverkehrsvolumina, die über Korrespondenzbankbeziehungen abgewickelt werden.

Europäisches System der Zentralbanken (ESZB)

Zentralbanksystem der in der Europäischen Währungsunion (EWU) zusammengefassten Staaten, gegr. am 1.6.1998 als Nachfolgeorganisation des Europäischen Währungsinstituts (EWI), das zur Vorbereitung der Schaffung des ESZB ins Leben gerufen worden war. Das Zentralbanksystem besteht aus der Europäischen Zentralbank (EZB) mit Sitz in Frankfurt a. M. und den nationalen Notenbanken der EWU-Mitgliedsstaaten.

European Committee for Banking Standards (ECBS)

Das ECBS wurde im Dezember 1992 von den drei Verbänden der Europäischen Kreditwirtschaft (dem der Kreditbanken, der Genossenschaftsbanken und der Sparkassen) gegründet. Weitere internationale Institutionen, z. B. die Europäische Zentralbank (EZB), die EBA und SWIFT sowie Mastercard Europe und VISA Europe, haben einen Beobachterstatus. Das ECBS hat die vorrangige Aufgabe, die Interoperabilität der technischen Infrastrukturen im europäischen Kreditgewerbe zu fördern. Die vom ECBS verabschiedeten Standards entfalten aber keine bindende Wirkung für die betroffenen Banken. Wichtigste Produkte des ECBS sind die IBAN, die IPI sowie das EPI (Electronic Payment Instruction), die elektronische Version des IPI.

Eurosystem

Das Eurosystem besteht aus der Europäische Zentralbank (EZB) und den derzeit 17 nationalen Zentralbanken der EU-Mitgliedsstaaten, die den Euro in der dritten Stufe der Europäische Wirtschafts- und Währungsunion (EWWU) eingeführt haben. Die nationalen Zentralbanken der Mitgliedsstaaten, die noch nicht dem Eurowährungsgebiet beigetreten sind, zählen zwar zum ESZB, aber nicht zum Eurosystem. Das Eurosystem nimmt die Hoheitsrechte im Bereich der Geld- und Währungspolitik für die Mitgliedsstaaten der Währungsunion wahr. Vorrangiges Ziel des Eurosystems ist die Gewährleistung der Preisstabilität. Hauptaufgaben des

Eurosystems sind die Festlegung und Ausführung der Geldpolitik der Gemeinschaft, die Durchführung der gemeinschaftlichen Devisenmarkttransaktionen sowie die Haltung und Verwaltung der Währungsreserven. Daneben soll es den reibungslosen Zahlungsverkehr fördern und eine Reihe von Beratungs- und Informationsfunktionen wahrnehmen. In seinen geldpolitischen Entscheidungen ist das Eurosystem grundsätzlich unabhängig von sonstigen Trägern der Wirtschaftspolitik auf nationaler wie auch Gemeinschaftsebene (Unabhängigkeit der Zentralbank).

Eurowährungsgebiet

Das Eurowährungsgebiet (auch Euroraum genannt) besteht aus den Ländern, die mit der dritten Stufe der Wirtschafts- und Währungsunion den Euro als ihre Währung eingeführt haben. Seit dem 1. Januar 2015 sind dies 19 Länder mit zusammen rund 335 Millionen Einwohnern: Belgien, Deutschland, Estland, Finnland, Frankreich, Griechenland, Irland, Italien, Lettland, Litauen, Luxemburg, Malta, Niederlande, Österreich, Portugal, Slowakei, Slowenien, Spanien und Zypern.

Exposure

Exposure bezeichnet grundsätzlich die Tatsache, einem Risiko ausgesetzt zu sein. In der Praxis wird Exposure meist bezogen auf das Wechselkursrisiko.

1. Man *unterscheidet*

a) das *transaction exposure*, welches sich auf Wechselkursrisiken bei einzelnen Geschäften bezieht, beispielsweise das Risiko der Abwertung einer auf USD lautenden Exportforderung bzw. der Aufwertung einer Dollarverbindlichkeit. Das transaction exposure kann sicher und einfach abgesichert werden, z. B. durch ein Devisentermingeschäft.

b) Das *translation exposure* (*book exposure*) beschreibt das Risiko, dass in ausländischer Währung denominierte Aktiva oder Passiva, die über den Wechselkurs in die in Inlandswährung ausgewiesene Unternehmensbilanz umgerechnet („übersetzt") werden, sich ungünstig entwickeln. Das translation exposure kann nicht abgesichert werden.

c) Als *strategic exposure* bezeichnet man Risiken, dass sich Wechselkurs-
änderungen auf die Export- oder Importchancen eines Unternehmens
auswirken. Beispielsweise erschwert die Aufwertung der Inlandswährung
die Exportchancen des betreffenden Unternehmens bzw. Landes. Be-
fürchtete oder tatsächliche Exportnachteile beispielsweise aus der Dol-
larkursentwicklung können zumindest teilweise kompensiert werden
durch Produktionsverlagerungen in den Dollarraum oder den Einkauf von
Inputs aus dem Dollarraum.

2. Als *Bruttoexposure* bezeichnet man die Gesamtheit bestimmter Expo-
sure-Elemente, beispielsweise sowohl auf der Aktivseite (z. B. Exportforderungen) als auch der Passivseite (z. B. Importverbindlichkeiten) der Bilanz. Das *Nettoexposure* ergibt sich durch Saldierung z. B. von Aktiv- und
Passiv-Exposure, jeweils auf eine Währung zu einem bestimmten Zeitpunkt bezogen.

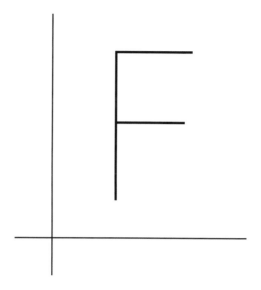

© Springer Fachmedien Wiesbaden GmbH, ein Teil von Springer Nature 2019
Springer Fachmedien Wiesbaden (Hrsg.), *250 Keywords Bankwirtschaft*,
https://doi.org/10.1007/978-3-658-23658-8_6

Fälschung

1. *Fälschung von Münzen und Noten:* Geld- und Wertzeichenfälschung.

2. *Fälschung eines Schecks:*

a) Gefälschte Unterschriften begründen gegen denjenigen, dessen Unterschrift gefälscht wurde, keine Verpflichtung. Die Bank, die den gefälschten Scheck einlöst, haftet nach den Scheckbedingungen nur, wenn sie nachweislich ein Verschulden trifft. Im Übrigen hat der Kontoinhaber alle Folgen einer Fälschung von Schecks zu tragen.

b) Bei Änderung des Textes (z. B. des Betrags) haften diejenigen, die ihre Unterschrift nach der Änderung auf den Scheck gesetzt haben, entsprechend dem geänderten Text; wer früher unterschrieben hat, haftet nach dem ursprünglichen Text. Macht die Fälschung den Scheck formal unvollständig, so ist er nichtig.

3. *Fälschung eines Wechsels:*

a) Gefälschte Unterschriften verpflichten den, dessen Unterschrift gefälscht wurde, nicht; sie haben auf die Gültigkeit der übrigen (echten) Unterschriften keinen Einfluss (Art. 7 WG).

b) Bei Textänderungen gilt das Gleiche wie beim Scheck (Art. 69 WG). Macht die Fälschung den Wechsel formal unvollständig, ist er nichtig.

4. *Fälschung von Zahlungskarten (Debit- und Kreditkarten):* Freiheitsstrafe bis zu zehn Jahren (§ 152a StGB). Die Tathandlungen sind mit denen der Geld- und Wertzeichenfälschung vergleichbar.

5. *Fälschung von Wertpapieren:* Geld- und Wertzeichenfälschung.

6. *Fälschung von Urkunden (allgemein):* Urkundenfälschung.

7. *Fälschung von beweiserheblichen Daten:* Fälschung beweiserheblicher Daten.

Financial Transaction Services (FinTS)

Onlinebanking-Standard zur Vereinheitlichung der Kommunikationsschnittstelle zwischen Bankkunde und Kreditinstitut, der 2003 vom Zentralen Kreditausschuss (ZKA) (heute Die Deutsche Kreditwirtschaft) verabschiedet wurde.

Der Funktionsumfang von FinTS ist seit seiner ersten Veröffentlichung 1995 stark angestiegen, um den Anforderungen des Marktes zu genügen: Die dot.com-Phase hat mit zahlreichen neuen Geschäftsvorfällen im Wertpapierbereich den Standard entscheidend geprägt, genauso wie die kontinuierliche Verfeinerung der Sicherheitstechnik.

Mit neuen Rollenmodellen und Kommunikationsmöglichkeiten geht der Standard neue Wege und ermöglicht die Nutzung des Protokolls für alle elektronischen Vertriebswege. Ab der Version 3.0 wurde der FinTS-Standard neu gegliedert, um der Unabhängigkeit der Legitimationsverfahren, der Geschäftsvorfälle und der Finanzdatenformate von dem zugrunde liegenden Protokoll gerecht zu werden. Die Einzeldokumente sind in einer Gesamtspezifikation mit dem Titel FinTS - Financial Transaction Services - zusammengefasst. FinTS unterstützt folgende zwei Legimationsverfahren: das PIN/TAN-Verfahren und den HBCI-Standard.

2004 wurde mit einer neuen Version (Version 4.0) ein weiterer Meilenstein erreicht: Der Standard wurde komplett in XML spezifiziert. FinTS wurde damit kompatibel zu anderen internationalen Finanzdatenstandards. FinTS wird derzeit von mehr als 2.000 Kreditinstituten unterstützt. Namhafte Hersteller von Onlinebanking-Software unterstützen den Standard, sodass der Kunde aus einer Vielzahl von Produkten wählen kann. Auch der SEPA-Zahlungsverkehr wird vom FinTS-Standard unterstützt.

FinTech

Der Ausdruck FinTech setzt sich aus Financial Services und Technology zusammen und bezieht sich auf Unternehmen, die mithilfe moderner Technologie spezialisierte Finanzdienstleistungen anbieten.

Float

Im Bankwesen die durch die Verrechnungszeit in den Banknetzen bedingte zeitliche Abweichung ein und desselben Geschäftsvorfalls. Im Zuge der Realisierung des beleglosen Interbankenzahlungsverkehrs haben sich die Verrechnungszeiten erheblich reduziert. Im elektronischen Massenzahlungsverkehr (elektronischer Zahlungsverkehr/Lastschrift (EZL) und elektronischer Zahlungsverkehr/Überweisung (EZÜ)) ist das Entstehen von Floats ausgeschlossen worden. In modernen Zahlungssystemen wie z. B. TARGET2, ist durch die Echtzeit-Abwicklung auf den Konten der Kontrahenten das Entstehen von Floats generell ausgeschlossen.

Forfaitierung

1. Charakterisierung:

a) *Begriff:* Aus der Sicht von Exporteuren ist Forfaitierung der im Allgemeinen regresslose Verkauf einzelner mittel- bis langfristiger Exportforderungen an Forfaitierungsgesellschaften oder an forfaitierende Kreditinstitute (Forfaiteure). Der Ausdruck „à forfait" bedeutet, dass die Forderungen als Ganzes (in „Bausch und Bogen"), d. h. mit allen Risiken von den Forfaiteuren angekauft werden.

(1) *Echte Forfaitierung* liegt bei vorbehaltloser Übernahme aller mit der angekauften Forderung verbundenen Risiken, vor allem des Delkredererisikos, der politischen Risiken und (bei Fremdwährungsforderungen) des Wechselkursrisikos durch den Forfaiteur vor.

(2) Von *unechter Forfaitierung* wird gesprochen, wenn der Rückgriff auf den Forderungsverkäufer – im Ausnahmefall und im genau zu definierenden Umfang – nicht ausgeschlossen ist. Im Gegensatz zum Factoring werden Forfaitierungsverträge für jeden Einzelfall abgeschlossen. Voraussetzung für die Forfaitierung von mittel- und langfristigen Exportforderungen ist regelmäßig die Zahlungsgarantie bzw. das Wechselaval (Wechsel) der Importeurbank bzw. einer anderen solventen Bank.

b) *Betrag und Währung:* Die Höhe ankaufsfähiger Forderungen ist nicht allgemein gültig festgelegt. Die Forfaiteure erwarten jedoch einen Mindestbetrag (eine Ratenhöhe) von ca. 50.000 Euro oder Fremdwährungsgegenwert. Eine Obergrenze existiert nicht. Forfaiteure kaufen Euro-Forderungen und Fremdwährungsforderungen an. Fremdwährungsforderungen müssen auf die Währungen der bedeutenden (sogenannten westlichen) Welthandelsländer lauten.

c) *Laufzeit:* Die maximale Laufzeit ankaufsfähiger Forderungen ist vor allem abhängig vom Schuldnerland, in dem der Importeur bzw. die für die Zahlung haftende Bank den Sitz hat. Bei Schuldnerländern, deren Kreditwürdigkeit als nicht besonders hoch eingeschätzt wird, begrenzen die Forfaiteure die Höchstlaufzeit auf ca. ein bis drei Jahre. Forderungen auf Länder, deren Kreditwürdigkeit keinen Anlass zu Zweifeln gibt, sind dagegen mit Laufzeiten bis zu sieben Jahren und – in Ausnahmefällen – auch darüber forfaitierungsfähig.

2. *Sicherheiten für den Forfaiteur:* Forfaiteure erteilen regelmäßig Auflagen zur Sicherstellung der anzukaufenden Forderung.

a) *Haftung des Exporteurs:* Der forderungsverkaufende Exporteur haftet gegenüber dem Forfaiteur stets für den rechtlichen Bestand der Forderung: Die Forderung muss in ihrer Höhe einwandfrei bestehen und frei von Rechten Dritter sein (unechte Forfaitierung).

b) *Wechselaval:* Das Wechselaval der (Importeur-)Bank bietet sich an, wenn die Exportforderung ohnehin in Wechselform gekleidet ist.

c) *Garantieerklärung:* Sofern keine Wechselziehung zwischen Exporteur und Importeur vereinbart ist, und somit auch kein Wechselaval infrage kommt, kann die entstandene Buchforderung durch die Garantieerklärung einer Bank abgesichert werden. Diese Garantieerklärung muss unwiderruflich und übertragbar sein und darf bezüglich ihrer Erfüllung nicht an besondere Bedingungen geknüpft sein.

d) *Akkreditiv:* Hat der Exporteur dem Importeur ein Zahlungsziel im Rahmen eines Akkreditivs mit hinausgeschobener Zahlung gewährt, dann ist es bei entsprechender Laufzeit nahe liegend, die mit der Dokumenteneinreichung bzw. Dokumentenaufnahme entstehende Forderung an einen Forfaiteur zu verkaufen.

e) *Hermes-Deckung:* Sofern der Exporteur für die zu verkaufende Exportforderung eine Risikoabdeckung in Form einer Exportkreditgarantien des Bundes vorgenommen hat, kann er seine Ansprüche an den Forfaiteur abtreten. Die Hermes-Deckung macht im Einzelfall die Forfaitierung von Exportforderungen möglich, für die sich wegen politischer Risiken des Schuldnerlandes sonst kein Forfaiteur finden würde.

3. *Funktionen:*

a) *Finanzierungsfunktion:* Gewichtigstes Argument des forderungsverkaufenden Exporteurs für die Forfaitierung ist der sofortige und hohe Liquiditätszufluss. Dabei ist von Vorteil, dass die Forfaiteure Exportforderungen einschließlich der dem Importeur in Rechnung gestellten Zinsen (sogenannte Abnehmerzinsen) ankaufen, sodass der Forfaitierungserlös etwa der Exportforderung (Kaufpreisforderung) entspricht, d.h. eine sogenannte Vollfinanzierung vorliegt. Durch Forfaitierung verbessert der Exporteur seine Bilanzkennzahlen, besonders die Eigenkapital-/Fremdkapitalrelation, sofern er den Forfaitierungserlös zur Schuldentilgung verwendet.

b) *Delkrederefunktion:* Die von den Forfaiteuren übernommene Delkrederefunktion reicht sehr weit. Sie umfasst nicht nur die wirtschaftlichen Risiken (Zahlungsausfallrisiko, Zahlungsverzögerungsrisiko) einer Exportforderung einschließlich der Zinsforderung an den Importeur, sondern auch die politischen Forderungsrisiken. Bei Fremdwährungsforderungen übernehmen die Forfaiteure überdies das Wechselkursrisiko ab dem Zeitpunkt des vorbehaltlosen Forderungsankaufs.

c) *Dienstleistungsfunktion vor Entstehung der Exportforderung:* Die Forfaiteure beraten die Exporteure hinsichtlich der in den Kaufvertrag aufzunehmenden Zahlungsbedingungen. Überdies stellen sie Auskünfte über den Importeur, über die Garantiebank und über das politische Risiko des Schuldnerlandes (Länderrisiko) zur Verfügung.

4. *Abwicklung und Kosten vor Entstehung der Exportforderung:*

a) *Indikation:* Die sogenannte Indikation ist eine unverbindliche Information des Forfaiteurs über die möglichen Ankaufskonditionen, die der Exporteur häufig bereits bei Angebotskalkulation oder während der Vertragsverhandlungen mit dem Importeur einholt.

b) *Festofferte:* In Festofferten (Festangeboten) verpflichten sich die Forfaiteure gegenüber dem anfragenden Exporteur einseitig zur Forfaitierung und zu den in der Festofferte genannten Konditionen. Festofferten werden meistens nur für kurze Zeit aufrecht erhalten. Bei längerer Laufzeit einer Festofferte im Sinn eines vom Exporteur einseitig auszuübenden Optionsrechts hat der Exporteur im Fall des Nichtzustandekommens der Forfaitierung unter Umständen eine Optionsgebühr (Optionsprämie) zu entrichten.

c) *Festabschluss:* Einen Festabschluss (manchmal als „Festzusage" bezeichnet) vollzieht der Exporteur mit dem Forfaiteur im Allgemeinen unmittelbar nach Abschluss des Kontrakts mit dem Importeur. In den Festabschluss sind unter anderem die Beschreibung der anzukaufenden Forderung sowie die detaillierten Ankaufskonditionen aufgenommen. Der Festabschluss bindet sowohl den Exporteur als auch den Forfaiteur.

d) *Vorlaufzeit:* Der Zeitraum zwischen dem Abschluss des Forfaitierungsvertrages (Festabschluss, Festzusage) und dem Zeitpunkt des Ankaufs der Forderung wird als Vorlaufzeit bezeichnet. Für die Dauer der Vorlaufzeit berechnen die Forfaiteure im Allgemeinen eine Bereitstellungsprovision. Diese Provision rechtfertigt sich mit der Sicherheit des Exporteurs über den unwiderruflichen Forderungsankauf zu festgelegten Konditionen. Zu beachten ist, dass der Exporteur bei Kontrakten, die auf Fremdwährung lauten, das Wechselkursrisiko während der Vorlaufzeit selbst trägt.

5. *Abwicklung und Kosten nach Entstehung der Exportforderung:* Der im Forfaitierungsvertrag vereinbarte Zinssatz (der sogenannte Forfaitierungssatz) ist regelmäßig ein Festzinssatz, der für die ganze Forderungslaufzeit gilt. Der Forfaiteur stellt dem Exporteur den Forfaitierungserlös (Diskonterlös) vorbehaltlos zur Verfügung, sofern alle Vereinbarungen des Forfaitierungsvertrags (vor allem die Übertragung der Sicherheiten) erfüllt sind. Die Höhe der Diskontzinsen ist abhängig vom Marktzins, von der Laufzeit der zu forfaitierenden Forderung(en), von der Zahlungsfähigkeit des Landes, in dem Schuldner bzw. Garant ihren Sitz haben, von der Bonität der Garantiebank und von der Kreditwürdigkeit des Importeurs.

Formblätter

Verordnungen über die Gliederung des Jahresabschlusses oder Konzernabschlusses bzw. über den Inhalt des (Konzern-)Anhangs oder (Konzern-)Lageberichts. Das Bundesministerium der Justiz (BMJ) kann für Kapitalgesellschaften Formblätter vorschreiben, wenn der Geschäftszweig eine von den §§ 266 und 275 HGB abweichende Gliederung erfordert (§ 330 HGB). Vor allem Kreditinstitute und Versiche-

rungsunternehmen haben die durch die jeweilige Rechnungslegungsverordnung vorgeschriebenen Formblätter anzuwenden. Die
Rechnungslegungsverordnung enthält drei Formblätter, und zwar für
die Bilanz das Formblatt 1 und für die Gewinn- und Verlustrechnung
(GuV) die Formblätter 2 (Kontoform) und 3 (Staffelform). Die Posten
der Formblätter werden weitgehend in der Rechnungslegungsverordnung erläutert.

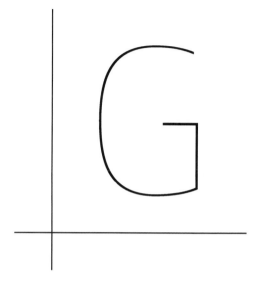

© Springer Fachmedien Wiesbaden GmbH, ein Teil von Springer Nature 2019
Springer Fachmedien Wiesbaden (Hrsg.), *250 Keywords Bankwirtschaft*,
https://doi.org/10.1007/978-3-658-23658-8_7

Gegenakkreditiv

Ein Gegenakkreditiv entsteht, indem z. B. ein Exporthändler (Zwischenhändler, Transithändler) oder ein Generalunternehmer auf Grundlage eines zu seinen Gunsten eröffneten Akkreditivs seine Bank beauftragt, Back-to-Back zu diesem ursprünglichen Akkreditiv ein (Gegen-)Akkreditiv zugunsten seines eigenen Vorlieferanten oder eines Subunternehmers zu eröffnen. Zu beachten ist, dass es sich rechtlich um zwei selbstständige Akkreditive handelt, aber wirtschaftlich bilden sie eine Einheit. Bei Erstellung des Gegenakkreditivs werden weitestgehend dieselben Formulierungen und dieselben geforderten Dokumente des ursprünglichen Akkreditivs mit aufgenommen, damit die unter dem Gegenakkreditiv präsentierten Dokumente auch zur Vorlage unter dem ursprünglichen Akkreditiv genutzt werden können. Ein Gegenakkreditiv wird unter anderem verwendet, wenn die Übertragung des Akkreditivs nicht möglich ist. Im Gegensatz zu einer Akkreditivübertragung geht der Exporthändler eine eigene Verbindlichkeit ein. Der Exporthändler (Zwischenhändler), eröffnet ein rechtlich

Gegenakkreditiv (Back-to-Back)

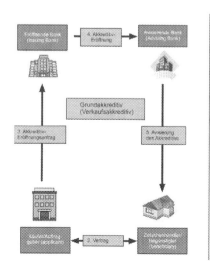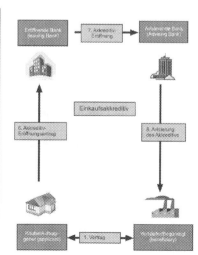

unabhängiges Akkreditiv zugunsten seines Lieferanten (Einkaufsakkreditiv). Der Importeur eröffnet wiederum ein Akkreditiv zugunsten des Zwischenhändlers (Verkaufsakkreditiv).

Gekreuzter Scheck

Scheck, der durch zwei parallel verlaufende Striche auf der Vorderseite gekennzeichnet ist; die Kreuzung soll (ähnlich wie der Verrechnungsscheck) verhindern, dass der Scheckbetrag an Unbefugte ausgezahlt wird. Den gekreuzten Scheck gibt es nach dem deutschen Scheckrecht nicht. Um das deutsche Scheckrecht dem internationalen anzupassen, wurde der gekreuzte Scheck in Art. 37 ScheckG aufgenommen. Diese Bestimmungen sind jedoch bisher nicht in Kraft gesetzt worden.

Im Ausland ausgestellte gekreuzte Schecks werden in Deutschland wie Verrechnungsschecks behandelt (Art. 3 EGScheckG).

Geld

1. *Begriff/Charakterisierung:* Geld oder Zahlungsmittel sind Aktiva, die aufgrund von Marktkonvention oder gesetzlicher Verpflichtung vom Gläubiger zur Abdeckung von Verbindlichkeiten angenommen werden.

Der *Übergang von der Naturaltausch- zur Geldwirtschaft* begann mit der zunächst lokalen Gewohnheit, durch die Einigung auf ein Zwischentauschgut den zuvor simultanen Austausch zweier Leistungen in getrennte Vorgänge des Kaufs und Verkaufs zu zerlegen. Als Medium dienten zunächst aufbewahrfähige Güter (Warengeld, z.B. Felle, Öle, Schmuck). Mit der Entwicklung des Handelsverkehrs und der Arbeitsteilung wurden diese durch Finanzaktiva (Münzen, private und staatliche Banknoten sowie Giralgeld in Form täglich fälliger Sichteinlagen bei Geschäftsbanken) ersetzt.

In der *modernen Geldverfassung* findet die Geldschöpfung durch die Zentralbank (Zentralbankgeld) oder das Banksystem (Giralgeld) statt. Die Verwendung gesetzlicher Zahlungsmittel bietet dem Schuldner die Gewähr, nicht in Verzug zu geraten.

2. *Grundfunktionen:*

a) *Rechenmittelfunktion:* Durch Gleichsetzen einer Geldeinheit mit dem Nominalwert von Eins wird die mögliche *Anzahl der* Naturaltauschraten, die bei n Güterarten fast der Hälfte des Quadrats von n entspricht, auf n Geldpreise verringert. Die Funktion des Geldes als Rechenmittel des Tauschverkehrs könnte allerdings auch von einem abstrakten Maß wahrgenommen werden. Diese Funktion ist daher nicht konstitutiv für das Wesen des Geldes

b) *Wertaufbewahrungsfunktion:* Entsprechendes gilt für die Funktion der Wertaufbewahrung. Die Haltung von Geld erlaubt, Kaufkraft interregional und intertemporal zu transportieren. Diese Funktion wird aber auch von anderen Aktiva erfüllt, und zwar oft besser, weil mit sinkendem Wert des Geldes nur der Nominalwert, nicht dagegen der für die Qualität der Wertaufbewahrung entscheidende Realwert erhalten bleibt.

c) *Tauschmittelfunktion:* Konstitutiv für das Wesen des Geldes ist daher allein die Eigenschaft bzw. Funktion als transaktionsdominierendes Tauschmittel. Diese Eigenschaft verleiht Geld den höchsten Liquiditätsgrad von Eins; das bedeutet, dass Geld ohne Abschlag zum Nominalwert angenommen wird. Als transaktionsdominierendes Tauschmittel ermöglicht Geld den Marktteilnehmern die Einsparung von Transaktionskosten sowie von Informationskosten über die Marktmöglichkeiten. Als Tauschmittel erweitert das Geld mit dieser Kostenersparnis bei gegebener Faktorausstattung den Bereich der realen Produktionsmöglichkeiten der Volkswirtschaft.

3. *Makroökonomische Geldaggregate:* Geldmenge.

Geldausgabeautomat (GAA)

Einrichtungen von Kreditinstituten für ihre Kunden zur Bargeldbeschaffung auch außerhalb der Schalteröffnungszeiten. Als Zugangsberechtigung dient entweder eine codierte Magnetstreifenkarte oder eine Chipkarte, die in das Gerät eingeführt wird, und die korrekte Eingabe der persönlichen Identifikationsnummer (PIN) über die Tastatur. Hierfür werden in der Regel auch Debitkarten (Bankkundenkarten) und Kreditkarten genutzt; aber es gibt auch Zahlungskarten, die ausschließlich der Bargeldbeschaffung dienen. Der Karteninhaber kann grundsätzlich nur im Rahmen des Kontoguthabens oder einer vorher für das Konto eingeräumten Kreditlinie verfügen. Darüber hinaus sind Limite des Geldausgabeautomatenbetreibers sowie der kartenausgebenden Kreditinstitute möglich. Verfügungen im Inland sind in der Regel auch für ausländische Karteninhaber möglich. Umgekehrt gilt dies auch für inländische Karteninhaber im Ausland.

Geldwäsche

1. *Charakterisierung:* Verdecktes Einschleusen illegal erworbener Vermögenswerte in den legalen Wirtschaftskreislauf, vor allem im Bereich der Drogen- und der Organisierten Kriminalität. Der Wert soll erhalten bleiben, zugleich aber dem Zugriff der Strafverfolgungsbehörden entzogen werden. Gewaschenes Geld wird z. B. für den Kauf von Wertpapieren, Grundstücken und Edelmetallen, aber auch für den Erwerb von Unternehmensbeteiligungen verwendet.

Straftatbestand nach § 261 StGB mit bis zu zehn Jahren Freiheitsstrafe. Durch das Geldwäschegesetz (GwG) vom 13.8.2008 (BGBl. I S. 1690) werden unter anderem Banken, Finanzdienstleistungsinstitute, Versicherungen, Investmentgesellschaften, Rechtsanwälte, Wirtschaftsprüfer, Steuerberater, Immobilienmakler, Spielbanken zur aktiven Mithilfe bei der Bekämpfung der Geldwäsche verpflichtet. Das GwG etabliert eine für das deutsche Rechtssystem neue Form der Verbrechensbekämpfung, indem vor allem nichtstaatliche Stellen mit Identifizierungs- und Dokumentationspflichten (§§ 3 bis 9 GwG) bei bestimmten Finanztransaktionen sowie Anzeigepflichten bei Verdacht auf Geldwäsche (§ 11 GwG) und schließlich Organisationspflichten, die z. B. die Benennung eines Geldwäschebeauftragten (§ 9 II Nr. 1 GwG) umfassen, belegt werden.

2. *Pflichten für Kreditinstitute:*

a) *Allgemeine Identifizierungspflichten:* Bei Abschluss einer auf Dauer begründeten Geschäftsbeziehung (z. B. Kontoeröffnung) hat das Kreditinstitut den Vertragspartner zu identifizieren. Dies gilt auch bei Annahme von Bargeld (oder elektronischem Geld), Wertpapieren oder Edelmetallen im Wert von 15.000 Euro oder mehr (§ 3 II Nr. 2 GwG). Die Identifikation erfolgt durch einen gültigen Reisepass oder Personalausweis (§ 4 IV GwG). Das Kreditinstitut hat die Identifizierungsdaten mindestens fünf Jahre aufzubewahren (§ 8 III GwG).

b) *Feststellung des wirtschaftlich Berechtigten:* Das Kreditinstitut hat sich zu erkundigen, ob der zu Identifizierende für eigene Rechnung handelt. Ist dies nicht der Fall, hat der zu Identifizierende dem Kreditinstitut Name und Adresse des wirtschaftlich Berechtigten mitzuteilen.

c) *Automatisierter Abruf von Kontoinformationen nach § 24c KWG:* Kreditinstitute müssen der Bundesanstalt für Finanzdienstleistungsaufsicht (BAFin) den jederzeitigen automatisierten Abruf bestimmter Kontodaten ermöglichen, die im Zusammenhang mit der Kontoführung zu speichern sind (z. B. Konto- oder Depotnummer).

d) *Errichtung von Sicherheitssystemen gegen Geldwäsche:* Die Kreditinstitute müssen nach § 25a KWG über angemessene, geschäfts- und kundenbezogene Sicherungssysteme gegen Geldwäsche verfügen. Bei Sachverhalten, die aufgrund des Erfahrungswissens über die Methoden der Geldwäsche zweifelhaft oder ungewöhnlich sind, hat es diesen vor dem Hintergrund der laufenden Geschäftsbeziehung und einzelner Transaktionen nachzugehen.

e) *Pflichten im grenzüberschreitenden Zahlungsverkehr außerhalb der EU (§ 25b KWG):* Kreditinstitute haben bei der Ausführung von Überweisungen in Staaten außerhalb der EU Namen, Kontonummer und Anschrift des Überweisenden aufzuzeichnen und diese Datensätze an das endbegünstigte bzw. ein zwischengeschaltetes Institut weiterzuleiten.

3. *Anzeige von Verdachtsfällen:* Tatsachen, die darauf schließen lassen, dass eine Finanztransaktion der Geldwäsche oder der Terrorismusfinanzierung dient, sind von Kreditinstituten unverzüglich den zuständigen Strafverfolgungsbehörden anzuzeigen; eine Kopie wird dem Bundeskriminalamt (BKA) – Zentralstelle für Verdachtsanzeigen – übermittelt. Die Zentralstelle hat unter anderem die von den Verpflichteten und den Behörden übermittelten Verdachtsanzeigen zu sammeln und auszuwerten, Abgleiche mit bei anderen Stellen gespeicherten Daten zu veranlassen, die Strafverfolgungsbehörden des Bundes und der Länder unverzüglich über Erkenntnisse zu unterrichten (§ 10 I GwG).

4. *Ernennung eines Geldwäschebeauftragten:* Kreditinstitute haben einen Geldwäschebeauftragten zu benennen (inklusive Vertreter). Der Geldwäschebeauftragte ist der Geschäftsleitung des Kreditinstituts unmittelbar unterstellt und ist Ansprechpartner für Strafverfolgungsbehörden, BKA und die Bundesanstalt für Finanzdienstleistungsaufsicht (BaFin).

5. *Maßnahmen außerhalb der Kreditwirtschaft:*

a) Generelle Unterrichtung der Finanzbehörden durch die Strafverfolgungsbehörden bei Einleitung eines Strafverfahrens wegen Geldwäsche.

b) Strafrecht: Wer seinen Sorgfaltspflichten nicht nachkommt kann nach dem Ordnungswidrigkeitenkatalog des § 17 GwG mit Geldbuße bis zu 100.000 Euro belegt werden. Die Geldwäsche selbst ist strafbar nach § 261 StGB, bei gewerbsmäßiger oder bandenmäßiger Geldwäsche Freiheitsstrafe bis zu zehn Jahren.

c) Die bei der Aufdeckung der gewerbsmäßigen oder bandenmäßigen Geldwäsche sichergestellten Werte unterliegen dem erweiterten Verfall (§ 73d StGB).

6. *Bevorstehende Rechtsänderungen beim GwG:* Bedingt durch die 4. EU-Geldwäscherichtlinie (vom 20.5.2015) stehen beim GwG Änderungen ins Haus. Die Umsetzung der RL in nationales Recht soll bis zum 26. Juni 2017 erfolgen, die EU-Kommission hat aber zur beschleunigten Umsetzung bis Ende 2016 aufgefordert. In der Sache geht es dabei unter anderem um eine Stärkung des sogenannten risikobehafteten Ansatzes (Stichwort ist z. B. die Bekämpfung der *Terrorismusfinanzierung*).

Geldwäschegesetz (GwG)

Das seit dem 30.11.1993 geltende „Gesetz über das Aufspüren von Gewinnen aus schweren Straftaten (Geldwäschegesetz – GwG)" wurde zum 21.08.2008 neugefasst, durch das „Gesetz zur Optimierung der Geldwäscheprävention (Geldwäscheoptimierungsgesetz – GwOptG)", welches zum 29.12.2011 bzw. 01.03.2012 in Kraft getreten ist, geändert und letztmalig im Juni 2015 angepasst. Das GwG regelt unter anderem, wer Verpflichteter hinsichtlich der Bekämpfung von Geldwäsche und Terrorismusfinanzierung ist und welche Maßnahmen in diesem Zusammenhang von den Betroffenen umzusetzen sind. Dazu gehört neben der Einhaltung bestimmter Sorgfaltspflichten und interner Sicherungsmaßnahmen auch die Pflicht zur Meldung von Verdachtsfällen.

Geldwechselgeschäft

Umtausch von inländischem Geld in ausländisches und umgekehrt. Das Geldwechselgeschäft erstreckt sich auf Münzen und Noten.

Gewährleistungsgarantie

Guarantee for Warranty Obligations; Form der Bankgarantie, die den Garantiebegünstigten (Käufer) vor den finanziellen Folgen der Risiken schützt, die im Zusammenhang mit seinen Gewährleistungsansprüchen an den Lieferanten (Garantieauftraggeber) wegen Mängeln hinsichtlich Qualität, Beschaffenheit, Leistung usw. an der gelieferten Ware entstehen können. Die Gewährleistungsgarantie wird in der Regel über 10 Prozent des Warenwertes erstellt.

Giro

Indossament auf der Rückseite eines Orderpapieres (z. B. Wechsel), durch das das Eigentum an dem Papier übertragen wird (doch ist zur Übertragung noch Übergabe des Papiers notwendig).

Girocard (ec-Karte)

Vielfach genutzte Bezeichnung synonym für die vom deutschen Kreditgewerbe herausgegebenen Debitkarten (Bankkundenkarten), die es dem Karteninhaber ermöglicht, nach Eingabe der persönlichen Identifikationsnummer (PIN) Bargeld am Geldausgabeautomaten zu beziehen bzw. am Point of Sale (POS)-Terminal im Handel zu bezahlen. Bis zum Jahresende 2001 war die ec-Karte auch als Eurocheque-Karte nutzbar, mit der eine Bankgarantie für ausgestellte Eurocheques bis zu einem bestimmten Höchstbetrag verbunden war. Im Jahre 2007 wurde die Bezeichnung von ec- Karte auf girocard umgestellt. Die Markenrechte am „ec-Logo" liegen bei Mastercard und werden zunehmend für die Vermarktung von Mastercard- Debitkarten auch in Deutschland verwendet.

Girogeschäft

Durchführung des bargeldlosen Zahlungs- und Abrechnungsverkehrs; Bankgeschäft im Sinn von § 1 I KWG.

Girogo (kontaktlose Geldkarte)

Die girogo-Funktion auf einer girocard (Debitkarte, Bankkundenkarte) ermöglicht das kontaktlose Bezahlen am Point-of-Sale-Kassenterminal. Sie basiert auf der Geldkarte, einer vorausbezahlten Karte, die die Deutsche Kreditwirtschaft (DK) als nationales E-Geld-Verfahren mit multilateraler Nutzung entwickelt hat und ist zumeist in den Chip der girocard (Bankkundenkarte) integriert.

Für das kontaktlose Bezahlen muss die Karte kurz an das Händler-Terminal gehalten werden und der Betrag wird von der vorausbezahlten elektronischen Geldbörse (Geldkarte) der Karte abgebucht. Bis zu einem Zahlbetrag von 25 EUR ist keine PIN-Eingabe nötig. Ab einem Zahlbetrag von 25,01 Euro ist an der Händler-Kasse eine electronic cash-Transaktion erforderlich.

Die girocard mit girogo-Funktion muss vor dem Einkaufen mit einem Guthaben in Höhe von maximal 200 EUR aufgeladen werden. Dies kann sowohl am Geldausgabeautomaten und online oder zum Teil auch in Stadien bzw. direkt an der Kasse direkt erfolgen. Bei Nutzung der Karte zum Bezahlen reduziert sich die Summe der Geldeinheiten auf den verbleibenden Restwert. Benötigt der Kartenbesitzer Bargeld, kann er den Restbetrag entladen. Da girogo-Transaktionen ohne Einschaltung des Kontos des Karteninhabers abgewickelt werden, ist die Zahlung weitgehend anonym wie Bargeld.

Gironetz

Filial- oder Institutssystem einer Gruppe von Banken (mit ein oder mehreren Zentralgirostellen) zur Abwicklung des bargeldlosen Zahlungsverkehrs – vor allem im Massenzahlungsverkehr. In Deutschland entwickelten sich verschiedene Gironetze – unter anderem das Gironetz der Sparkassen und der Genossenschaftsbanken mit ihren jeweiligen Zentralinstituten, und das Gironetz der privaten Kreditbanken. Ein Bindeglied zwischen den Gironetzen stellt neben den bilateralen Verbindungen der Zentralinstitute das Dienstleistungsangebot verschiedener Automated Clearing Houses (ACH) dar.

Giroverkehr

Bezeichnung für unbaren Zahlungsverkehr, der über Konten abgewickelt wird.

Girovertrag

Rechtliche Ausgestaltung des Girogeschäfts; Vereinbarung zwischen Bank und Kunde für das Kontokorrent. Er war in §§ 676f-676h BGB a.f. geregelt. Der Girovertrag ist nunmehr ein Fall des Zahlungsdiensterahmenvertrags nach § 675f II BGB. Durch den Girovertrag wird ein Kreditinstitut verpflichtet,

(1) für den Kunden ein Konto einzurichten,

(2) eingehende Zahlungen auf dem Konto gutzuschreiben mit Wertstellung unter dem Datum, an dem der Betrag dem Kreditinstitut zur Verfügung gestellt worden ist, und

(3) einen Zahlungsauftrag zulasten dieses Kontos abzuwickeln.

Green Clause

Vermerk in Packing-Credit-Akkreditiven, mit dem die akkreditiveröffnende Bank eine andere Bank (Zweitbank) ermächtigt, unter bestimmten vereinbarten Bedingungen, einen im Akkreditiv festgelegten Vorschuss an den Akkreditivbegünstigten zu zahlen. Somit erhält der Exporteur eine Vorfinanzierung für die zu liefernde Ware um z. B. Rohstoffe einzukaufen oder einen Teil der Produktionskosten zu decken. Die Green Clause kommt in der Praxis kaum vor.

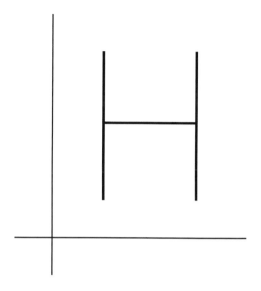

© Springer Fachmedien Wiesbaden GmbH, ein Teil von Springer Nature 2019
Springer Fachmedien Wiesbaden (Hrsg.), *250 Keywords Bankwirtschaft*,
https://doi.org/10.1007/978-3-658-23658-8_8

Halbbarer Zahlungsverkehr

Zahlungsverkehr unter teilweiser Verwendung von Bargeld; Zwischenstufe zwischen dem baren und unbaren Zahlungsverkehr. Halbbarer Zahlungsverkehr liegt vor, wenn der Zahlungspflichtige oder Zahlungsempfänger einer Zahlung ein Konto besitzt, der jeweilige Zahlungspartner aber Bargeld erhält oder einzahlt.

Homebanking Computer Interface (HBCI)

Durch die Spitzenverbände der deutschen Kreditinstitute vereinbarte Standard für Homebanking.

1. *Erfordernisse:* HBCI erfüllt folgende Erfordernisse:

(1) *Flexibilität:* Einfache und schnelle Integration neuer Service- oder Finanzformen;

(2) *Sicherheit:* Verwendung allgemein anerkannter hochsicherer Signatur- und Verschlüsselungsverfahren mit Eignung auch für offene Netze;

(3) *offenes System:* Integration anerkannter internationaler Normen, Verfahren und Standards;

(4) *Multibankfähigkeit:* Kundenseitige Kommunikation auf Basis einer Software mit mehreren Zahlungsdienstleistern;

(5) *kundenseitige Hardwareunabhängigkeit:* Neueste Entwicklungen (z. B. Web-TV) sollen integrierbar sein. Wegfall der TAN-Nummernverwendung und -verwaltung.

HBCI ist Bestandteil der 2003 vom ZKA (heute: DK (Die Deutsche Kreditwirtschaft)) verabschiedeten Spezifikationen Financial Transaction Services (FinTS); Sicherheitsmedium ist die HBCI-Chipkarte in Verbindung mit der der Karte zugeordneten Identifikationsnummer (PIN); einfache Inanspruchnahme neuer Funktionen (z. B. Laden der GeldKarte mittels Chipkartenleser).

2. *Merkmale:* Wesentliche Merkmale von HBCI sind die Banken- und Providerunabhängigkeit und die öffentliche Verfügbarkeit des Standards. Daher ist es prinzipiell für jeden Programmierer oder Softwarehersteller möglich, eine Implementierung der Client-Seite von HBCI zu erstellen und

damit auf alle HBCI-fähigen Banken zuzugreifen. Der Standard sieht dazu mehrere Möglichkeiten der Authentifizierung vor. Inzwischen stellen eine Vielzahl von Anbietern die notwendigen Softwarebausteine bereit. In der Version FinTS 4.0 wurden alle internen Datenstrukturen auf XML und XML-Schemata umgestellt; HTTPS wird als Kommunikationsprotokoll verwendet.

3. *Funktionsweise*: HBCI kann mit PIN und TAN- (heute eTAN-) Software arbeiten. Hier ist der Schlüsselcode – nur für den Nutzer einsetzbar – auf einer Chipkarte abgelegt. Eine Alternative zum HBCI-Verfahren bieten Verfahren mit TAN-Generatoren.

Voraussetzungen: HBCI-Chipkarte der Hausbank und Chipkartenleser, Modem oder ISDN-Karte und Telefonleitung, Onlinezugang, Zugangssoftware, Homebanking-Konto.

Hybridsystem

Zahlungssystem, das Charakteristika eines Bruttosystems und Nettosystems kombiniert.

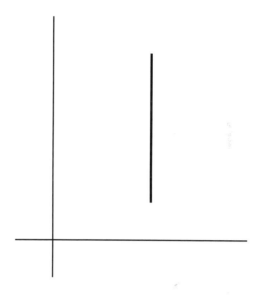

IBAN

Abkürzung für *International Bank Account Number (deutsch: Internationale Bankkontonummer)*; IBAN ist eine standardisierte, internationale Bankkontonummer, entwickelt vom European Committee for Banking Standards (ECBS) und der International Organization for Standardization (ISO) im Jahre 1997. Mit der IBAN-Einführung sollte vor allem die Effizienz grenzüberschreitender Zahlungen – vor allem im Eurowährungsgebiet – verbessert werden.

Im Einheitlichen Eurozahlungsverkehrsraum (Single Euro Payments Area) wird ausschließlich die IBAN zur Identifikation der beteiligten Konten verwendet wird. Die IBAN ist international einheitlich aufgebaut (gemäß ISO 13616) und besteht aus einem zweistelligen Länderkennzeichen, gefolgt von einer ebenfalls zweistelligen Prüfzahl (Modulus 97-10 [ISO 7064]) und einer max. dreißigstelligen, national unterschiedlich zusammengesetzten BBAN (Basic Bank Account Number), die je Land eine feste Länge hat. Wie die IBAN in verschiedenen Ländern aufgebaut ist, kann dem von SWIFT, in Funktion der von ISO benannten Registrierungsstelle für nationale IBAN-Formate, veröffentlichten „IBAN Registry" entnommen werden. Eine deutsche IBAN hat 22 Stellen. Nach dem Länderkennzeichen DE und der zweistelligen Prüfzahl folgt die achtstellige Bankleitzahl und die zehnstellige Kontonummer. Kürzere Kontonummern werden dabei linksbündig mit führenden Nullen auf zehn Stellen erweitert. Da bei der Ermittlung einer IBAN aus Kontonummer und Bankleitzahl in einigen Fällen Besonderheiten zu berücksichtigen sind, wird die IBAN ausschließlich durch die kontoführende Bank vergeben und im Kontoauszug angegeben.

Imagegestützter Scheckeinzug (ISE)

Beim ISE-Verfahren werden Schecks ab 6.000 Euro sowie nicht BSE-fähige Papiere nicht in Papierform, sondern in Form eines elektronischen Bildes (Image) nebst zugehörigem Clearing-Datensatz bei der Deutschen Bundesbank als Abrechnungsstelle gemäß Art. 31 Scheckgesetz eingeliefert. Die Abrechnungsstelle leitet diese Scheckbilder an die bezogene Bank oder an eine von dieser bestimmten Stelle weiter, welche anhand des jeweiligen Scheckbildes die Einlösung des Schecks prüft. Eine Rückrechnung von Scheckgegenwerten nicht eingelöster Schecks erfolgt über die Abrechnungsstelle. Im Falle der Nichteinlösung und bei eingehaltener Vorlagefrist gemäß Art. 29 Scheckgesetz gibt die Abrechnungsstelle zur Feststellung der Zahlungsverweigerung eine Erklärung gemäß Art. 40 Nr. 3 Scheckgesetz ab und stellt diese dem Scheckeinreicher auf Anforderung zur Verfügung.

Individualzahlungsverkehr

Im Individualzahlungsverkehr werden Geldforderungen einzeltransaktionsorientiert abgewickelt und verrechnet. Die Zahlungen lauten überwiegend über hohe Beträge und sind zeitkritisch. Jede Zahlung ist aufgrund ihrer Höhe und Dringlichkeit dispositionsrelevant. Individualzahlungen resultieren aus Interbankgeschäften (z. B. Geldmarkt- und Devisengeschäften) und dem Kundengeschäft (eilige kommerzielle Zahlungen).

Inhaberscheck

Gebräuchlichste Form des Schecks, der auf den Inhaber oder auf eine bestimmte Person mit dem Zusatz „oder Überbringer" ausgestellt ist. Der Scheck ist von Gesetzes wegen ein Orderpapier, wird aber durch die Inhaberklausel zum Inhaberscheck.

Inkassogeschäft

1. *Allgemein:* Einziehung (Inkasso) von Schecks, Lastschriften und Wechseln, unter anderem durch ein Kreditinstitut. Grundlage des Inkassogeschäftes ist der Inkassoauftrag eines Kunden (Geschäftsbesorgungsvertrag im Rahmen des Girovertrages). Darin ist die Bank verpflichtet, den Einzug auf dem schnellsten und sichersten Wege unter sorgfältiger Auswahl und Unterrichtung der nachgeordneten Stelle vorzunehmen. Der Inkassoauftrag gilt durch Übergabe des Papiers und die Anfertigung des Einzugsauftrags als erteilt. Im Geschäftsverkehr werden fast ausschließlich – in zunehmendem Umfang in elektronischer Form – Lastschriften und Schecks eingereicht. Wechsel werden nach dem Wegfall des Diskontgeschäfts mit Beginn der Europäischen Währungsunion (EWU) zum

1.1.1999 kaum noch zum Einzug eingereicht und fast nur noch als Sicherheit genutzt.

2. *Arten:*

a) *Scheckinkasso:* Schecks unter 6.000 Euro werden im beleglosen Scheckeinzug (BSE), Schecks ab 6.000 Euro im imagebasierten Scheckeinzug (ISE) eingezogen. Schecks werden „Eingang vorbehalten" dem Konto des Einreichers gutgeschrieben. Die Allgemeinen Geschäftsbedingungen der Kreditinstitute sehen in der Regel vor, dass diese berechtigt sind, Verfügungen über gutgeschriebene Beträge erst zuzulassen, nachdem die Einlösung des Schecks feststeht oder – bei Zahlungsvorgängen aus dem beleglosen Scheckeinzug (BSE) – Rücklieferungen nicht mehr zu erwarten sind.

b) *Lastschriftinkasso:* Lastschriften werden – im Gegensatz zum Scheck – nicht vom Zahlungspflichtigen, sondern vom Zahlungsempfänger initiiert.

Grundlage für die Einreichung von Lastschriften ist eine sogenannte Inkassovereinbarung zwischen dem Zahlungsempfänger und seinem Kreditinstitut (1. Inkassostelle). Die Lastschrift wird „Eingang vorbehalten" dem Konto des Einreichers gutgeschrieben und im Lastschriftverfahren eingezogen.

Inkassoprovision

Vergütung für den Geldeinzug (Inkasso).

1. Inkassoprovision steht dem *Handelsvertreter* zu, wenn er nach dem Dienstvertrag besonders beauftragt ist, das Entgelt aus den abgeschlossenen Geschäften einzuziehen (§ 87 IV HGB).

2. Inkassoprovision der *Kreditinstitute* wird meist nach dem Betrag berechnet, z. B. für Wechselinkasso 1 Promille vom Wechselbetrag. Kreditinstitute untereinander erheben meist keine Inkassoprovision.

Innovative Bezahlverfahren

Hierbei handelt es sich um einen zumeist digital bereitgestellten Dienst, der die Auslösung oder Abwicklung einer Zahlung ermöglicht und dabei oftmals auf klassische, unbare Zahlungsinstrumente zurückgreift (Zahlungskarte, Lastschrift, Überweisung). Innovative Bezahlverfahren werden auch von Nichtbanken, häufig auch FinTech genannt, angeboten. Auch virtuelle Währungen können innovative Bezahlverfahren sein.

Instant Payments

Auch Echtzeit- oder Fast-Echtzeit-Zahlungen. Echtzeit oder Fast-Echtzeit bezieht sich im Massenzahlungsverkehr vor allem auf die Abwicklung zwischen Zahler und Zahlungsempfänger, das heißt, der Empfänger sollte sofort oder äußerst zeitnah über den gutgeschriebenen Betrag weiterverfügen können. Ein sofortiger Zahlungsausgleich zwischen den beteiligten Zahlungsdienstleistern ist dabei nicht zwingend erforderlich. Die Übermittlung von Echtzeitzahlungen ist – im Unterschied zu klassischen Überweisungen – darüber hinaus grundsätzlich 365 Tage im Jahr, sieben Tage die Woche und 24 Stunden am Tag möglich.

Interbank Convention on Payments (ICP)

Vom EPC im Rahmen des SEPA-Prozesses im Februar 2003 verabschiedete Konvention für grenzüberschreitende Überweisungen in Euro in der EU. Dadurch wird unter anderem gewährleistet, dass der angewiesene Betrag einer Überweisung dem begünstigten Kunden in voller Höhe gutgeschrieben wird.

International Standard Banking Practice for the Examination of Documents under Documentary Letters (ISBP)

Erläuterung zu den Einheitlichen Richtlinien und Gebräuchen für Dokumenten-Akkreditive (ERA), die im Oktober 2002 von der ICC verabschiedet wurden. Die ISBP erklären, wie die Regeln der ERA in der Praxis anzuwenden sind und füllen so die Lücke zwischen Theorie und Praxis beim Prüfen von Dokumenten unter einem Akkreditiv.

Die ISBP sind an die Opinions und Decisions der ICC Banking Commission angelehnt.

Internet

Weltumspannendes, heterogenes Computernetzwerk, das auf dem Netzwerkprotokoll TCP/IP basiert. Über das Internet werden zahlreiche Dienste wie z. B. E-Mail, FTP, World Wide Web (WWW) oder IRC angeboten.

Internetbank

Kreditinstitut, das spezielle Bankdienstleistungen über das Internet bereitstellt. *Tätigkeitsmöglichkeiten:* Kontoführung, Zahlungsverkehr, Wertpapiergeschäft (z. B. Orderaufgabe mit sofortiger Ausführungsbestätigung, Bereitstellung von Real-Time-Kursen). Heutzutage ist es üblich, dass Kreditinstitute – zusätzlich zu anderen Vertriebswegen – Bankdienstleistungen via Internet bereitstellen.

Internetbezahlverfahren

Verfahren, die auf Überweisungen im Onlinebanking des Zahlers basieren (sogenannte Zahlungsauslösedienste) sowie spezielle elektronische Zahlverfahren über das Internet, die eine Abwicklung der primären Zahlung innerhalb des eigenen Netzwerks ermöglichen (sogenannte Closed-Loop-Systeme) und nur mit dem Zahlungskonto oder einer Zahlungskarte verknüpft werden.

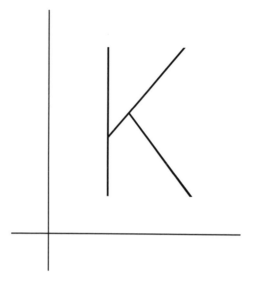

© Springer Fachmedien Wiesbaden GmbH, ein Teil von Springer Nature 2019
Springer Fachmedien Wiesbaden (Hrsg.), *250 Keywords Bankwirtschaft*,
https://doi.org/10.1007/978-3-658-23658-8_10

Kartensystem

Ein technisches und kommerzielles Arrangement im Kartenzahlungsverkehr, das den organisatorischen, rechtlichen und operationellen Rahmen für Kartenzahlungen und die hiermit verbundenen Dienstleistungen der am System teilnehmenden Kartenmarken bildet. Es wird zwischen Drei- und Vier- Parteien-Systemen unterschieden.

Kartenzahlung

1. *Allgemein:* Zahlungstransaktion unter Verwendung einer Debitkarte, E-Geld-Karte, Kreditkarte mit oder ohne Kreditfunktion an einem Terminal oder auf sonstige Art und Weise, z. B. im eCommerce.

2. *Arten nach dem Zeitpunkt der Belastung:*

a) Die Kontobelastung erfolgt *vor der Nutzung* der Karte als Zahlungsmittel (vorausbezahlte Karte), wie z. b. bei girogo (kontaktlose Geldkarte) oder sogenannten Prepaid-Kreditkarten.

b) Die Kontobelastung erfolgt weitgehend *zeitgleich mit der Verwendung* der Karte als Zahlungsmittel, wie z. B. bei Zahlungen mit Debitkarten.

c) Die Kontobelastung erfolgt *nach der Nutzung* der Karte als Zahlungsmittel, wie z. B. bei Zahlungen mit Kreditkarten.

Kassadevisen

Sofort fällige Auslandsguthaben; in der Praxis werden die Kassadevisen allgemeiner Usance folgend dem Käufer erst am zweiten Werktag nach Vertragsabschluss zur Verfügung gestellt.

Kassenterminal

POS-Terminal (Point-of-Sale-Terminal); elektronische Registrierkasse, die als Ein-/Ausgabegerät die Endstation eines Datenverarbeitungsvorgangs bildet. Zumeist bietet das Kassenterminal auch die Möglichkeit, Kartenzahlungen zu initiieren. Die Dateneingabe erfolgt manuell auf einer Tastatur oder mittels Scanner, zum Lesen der Zahlungskarte wird ein Lesegerät (Magnetstreifen, Chip oder Kontaktlos-Leser) genutzt.

Konsensmechanismus

1. Begriff: Ein Konsensmechanismus (englisch: consenus mechanism oder consensus protocol) bezeichnet einen Algorithmus, der eine Einigung über den Status eines Netzwerkes zwischen seinen Teilnehmern erzielt. Konsensmechanismen werden in verteilten Systemen, wie z. B. Distributed Ledgers, eingesetzt um sicherzustellen, dass alle Teilnehmer eine identische Kopie der verteilten Datenbank besitzen.

2. Ausprägungen: Konsensmechanismen können über verschiedene Wege eine Einigung herbeiführen. Die drei häufigsten Ausprägungen sind derzeit Proof-of-Work, Proof-of-Stake und PBFT-Verfahren. Das Proof-of-Work-Konzept wird von der Bitcoin-Blockchain verwendet. Um neue Blöcke mit Einträgen an die Bitcoin-Blockchain anzuhängen, muss ein Teilnehmer eine Rechenaufgabe über das Versuch-und-Irrtum-Prinzip lösen. Hat der Teilnehmer als Erster eine Lösung gefunden, verteilt er die Lösung der Aufgabe sowie die Einträge des Blocks an das Netzwerk, sodass andere Teilnehmer auf diesem Block aufbauen und einen weiteren Block mit neuen Einträgen anhängen können. Der Arbeitsnachweis (Proof-of-work), den der Teilnehmer erbracht hat ist sehr rechen- und zeitintensiv. Die Validierung für andere Teilnehmer im Nachgang kann dagegen äußerst schnell und unkompliziert erfolgen, sodass unter den Teilnehmern kein gegenseitiges Vertrauen notwendig ist. Um den hohen Energieaufwand für die Berechnung zu minimieren, verwenden Proof-of-Stake-Mechanismen nur sehr einfache Rechenaufgaben. Es wird angenommen, dass Teilnehmer durch ihr Eigentum an dem im Netzwerk übertragenen Werten (Stake) einen Anreiz besitzen, das System stabil zu halten und das Netzwerk nicht zu manipulieren. Validierende Teilnehmer müssen daher neben dem Lösen einer Rechenaufgabe beweisen, dass sie bereits einen Anteil an den im Netzwerk gehandelten Werten besitzen, indem sie z. B. bei jeder Generierung eines neuen Blocks eine geringfüge Zahlung an sich selbst senden.

Um zusätzliche Sicherheit im Netzwerk zu schaffen, werden die validierenden Teilnehmer für jeden neuen Block per Zufallsprinzip ermittelt.

Alternativ zu Proof-of-work und Proof-of-stake werden auch verschiedene Abwandlungen des Practical Byzantine Fault Tolerance-Verfahrens

(PBFT) als Konsensmechanismus verwendet. Diese Algorithmen wurden ursprünglich entwickelt, um auch unter der Bedingung, dass einige Signale in einem Netzwerk manipuliert sind, das Netzwerk korrekt arbeiten zu lassen. Konsens wird dabei erreicht, indem mehrere validierende Teilnehmer über einen Status des Netzwerkes abstimmen. Ein Konsens wird jedoch nur unter der Bedingung erzielt, dass mehr als dreimal so viele validierende Teilnehmer in einem Netzwerk korrekt arbeiten wie manipulierte Signale existieren (n>3f).

3. *Sicherheit:* Konsensmechanismen bilden einen einheitlichen Zustand im Netzwerk korrekt ab, solange eine Einigung unter den Teilnehmern im Netzwerk erfolgt. Wird eine Mehrheit der Teilnehmer manipuliert, kann es vorkommen, dass das ganze Netzwerk nicht korrekt arbeitet. Konsensmechanismen bieten im Vergleich zu zentral organisierten Systemen nur eine relative Sicherheit, was den finalen Zustand der Datenbank betrifft.

Kontoabrechnung

Von Kreditinstituten in bestimmten Zeitabständen (in der Regel monatlich oder quartalsweise) erstellte Zusammenstellung der Erträge und Kosten eines Kontos. Bestandteile einer Kontoabrechnung sind die Zinsen (Soll- und/oder Habenzinsen), die Kontoführungsgebühren sowie Auslagenersatz für Porto und eventuell weitere Gebührenpositionen.

Kontoauszug

Schriftliche Darstellung aller Umsätze auf einem Konto: Kontoauszüge enthalten alle Kontobewegungen sowie Anfangs- und Endbestand für den entsprechenden Zeitraum. Durch die Bereitstellung des Kontoauszuges kommt die Bank ihrer Pflicht nach, ihre Kunden zu informieren. Der Kunde hat die Pflicht, Bewegungen auf dem Girokonto, mittels Kontoauszug, zu kontrollieren. Ein Kontoauszug kann täglich (Tagesauszug), wöchentlich (Wochenauszug) oder monatlich (Monatsauszug) erfolgen. Die Kontoauszüge werden den Kunden von den Kreditinstituten per Postversand zugestellt zur Abholung im Kreditinstitut bereitgehalten, zum Ausdruck im Kontoauszugsdrucker bereitgestellt oder im Homebanking zur Verfügung gestellt. Mit Kontoauszugsdruckern (KAD) bieten Kreditinstitute ihren Kunden die Möglichkeit, sich bei Bedarf die Auszüge selbst zu erstellen.

Kontoauszugsdrucker (KAD)

Im Rahmen der Bankautomation dem Kunden zugängliches Selbstbedie-nungsgerät, das bei Bedarf (nach Eingabe einer Bankkundenkarte als Be-rechtigungsausweis) den Kontoauszug erstellt. Die vom System für den Druck des Kontoauszuges benötigten Angaben sind auf einem Magnet-streifen (Magnetstreifenkarte) oder einem Chip gespeichert, der auf der Karte angebracht bzw. in diese integriert ist.

Kontoinformationsdienst

Kontoinformationsdienste werden mit der Überarbeitung der Zahlungs-diensterichtlinie als Zahlungsdienste definiert. Gegenstand des Dienstes ist die Bereitstellung von meist zusammengefassten Informationen über ein oder mehrere Zahlungskonten, die bei anderen Zahlungsdienstleis-tern geführt werden.

Kontonummer

Nummer, unter der das Konto eines Bankkunden bei einer Bank geführt wird.

Korrespondenzbank

Kreditinstitut, das Zahlungsverkehr und andere Dienstleistungen für eine andere Bank erbringt, in der Regel grenzüberschreitend. Im grenzüber-schreitenden Zahlungsverkehr benötigen die Banken zur Durchführung ihres Auslandsgeschäftes ausländische Korrespondenzbanken, mit denen geschäftliche Beziehungen auf bilateraler Basis bestehen. In der Regel wird eine gegenseitige Kontoverbindung hergestellt, die es ermöglicht, Geschäftsvorfälle in den Währungen der beiden Länder direkt miteinan-der zu verrechnen. Oft sind mit diesen Geschäftsbeziehungen auch Kre-ditlinien verbunden.

Kreditkarte

1. *Begriff:* Zahlungskarte, die zur Bargeldbeschaffung an Geldausgabeau-tomaten und zur bargeldlosen Zahlung eingesetzt wird. Der Schwerpunkt der Nutzung liegt im bargeldlosen Zahlungsverkehr – vor allem bei Zah-

lungen über POS oder im E-Commerce. Das die Kreditkarte akzeptierende Vertragsunternehmen (Händler) erhält den Betrag vom Kreditkartenunternehmen unter Abzug eines Disagios. Das Kreditkartenunternehmen belastet den Karteninhaber mit der Summe aller Transaktionsbeträge (Sammelaufstellung) einer Abrechnungsperiode (vielfach ein Monat). Somit gibt es eine Vorfinanzierung seitens der Kreditkartenorganisation.

2. *Abgrenzung:*

a) *Kreditkarten im weiteren Sinne:* gängige Bezeichnung der Zahlungskarten der internationalen Kartenorganisationen (unter anderem American Express, China Union Pay, Diners Club, JCB, Mastercard und Visa).

b) *Kreditkarten im engeren Sinne:* dem Karteninhaber wird mit einer echten oder revolvierenden Kreditkarte eine Kreditoption mit festem Kreditrahmen eingeräumt, innerhalb dessen er bargeldlos bezahlen kann. Die Kartentransaktionen werden in der Regel einmal monatlich in Rechnung gestellt, mit der Option, den gesamten Rechnungsbetrag glattzustellen oder in flexiblen monatlichen Raten Rückzahlung zu leisten. Die Raten basieren auf einem Mindestprozentsatz des Rechnungsbetrages bzw. einem monatlichen Mindestbetrag. Der revolvierende Betrag (in Anspruch genommener Kredit) wird zu einem vorgegebenen Zinssatz verzinst.

Kryptographie

Anwendung mathematischer Verfahren, um Techniken und Algorithmen zu entwickeln, welche die Sicherheit der Daten schützen. Sicherheit umfasst in diesem Zusammenhang besondere Vertraulichkeit, Integrität und die Authentifizierung (Methoden zur Überprüfung der Identität des Senders übermittelter Daten, der z. B. an der Tätigkeit eines Zahlungssystems beteiligt ist, und zur Bestätigung, dass eine Nachricht bei der Übermittlung nicht verändert wurde).

Zu unterscheiden ist dabei zwischen symmetrischer und asymmetrischer Kryptographie. Bei symmetrischer Kryptographie verwenden Sender und Empfänger den gleichen Schlüssel, den jeder geheim halten bzw. schützen muss. Bei asymmetrischer Kryptographie verwendet jeder Teilnehmer ein Schlüsselpaar, von dem ein Schlüssel geheim zu halten ist und ein Schlüssel öffentlich bekannt gemacht wird. Die Identität des öffentlichen

Schlüssels muss gewährleistet werden. Dies kann durch einen sogenannten Identifizierungsdienst (Public Key Infrastructure) oder durch bilaterale Absprachen gewährleistet werden. Durch die asymmetrische Kryptographie ist eine digitale Signatur möglich, die unter bestimmten
technischen und organisatorischen Voraussetzungen zum rechtlichen
Äquivalent einer handgeschriebenen Unterschrift wird. Diese Voraussetzungen sind im deutschen Signaturgesetz geregelt (vor allem die Zertifi-
zierung der Schlüssel durch einen zugelasssenen Zertifizierungsdienst-
leister).

Kundenbeschwerdestelle

Das deutsche Kreditgewerbe bietet seinen Kunden mit dem sogenannten
Ombudsmann-Verfahren die Möglichkeit, Kundenbeschwerden an unab-
hängige Schlichtungsstellen bei den Spitzenverbänden des deutschen
Kreditgewerbes zu richten, um Streitigkeiten zwischen Banken und ihren
Kunden schnell und gütlich bzw. einvernehmlich zu schlichten. Für juristische Personen gibt es diese Möglichkeit nur bei der Anwendung des
Überweisungsgesetzes sowie beim Missbrauch von Zahlungskarten. Die
Kundenbeschwerdestelle nimmt vor allem dann die Beschwerde nicht an,
wenn der Beschwerdegegenstand bereits bei einem Gericht anhängig ist
(§ 3 SchlichtVerfVO). Die Kundenbeschwerdestelle holt die Stellungnah-
me des betroffenen Kreditinstituts ein, leitet diese an den Beschwerde-
führer weiter und veranlasst gegebenenfalls einen Schlichtungsvorschlag
eines unabhängigen Schlichters mit dem Ziel einer außergerichtlichen
Einigung.

Kurantmünzen

Zum gesetzlichen Zahlungsmittel erklärtes Hartgeld (Münzen), dessen
Metallwert dem aufgeprägten Nennwert entspricht, und das in voller
Höhe in Zahlung genommen werden muss (obligatorisches Geld).

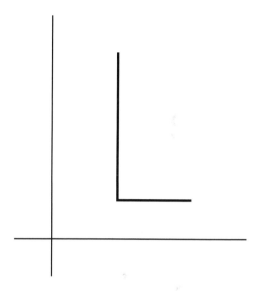

© Springer Fachmedien Wiesbaden GmbH, ein Teil von Springer Nature 2019
Springer Fachmedien Wiesbaden (Hrsg.), *250 Keywords Bankwirtschaft*,
https://doi.org/10.1007/978-3-658-23658-8_11

Lastschrift

Zahlungsdienst, mit dessen Hilfe der Gläubiger (Zahlungsempfänger) durch Vermittlung seines Zahlungsdienstleisters (erste Inkassostelle) fällige Forderungen zulasten eines Kontos des Schuldners (Zahler) bei dessen Zahlungsdienstleister (Zahlstelle) einziehen kann. Heute ist die Lastschrift vollelektronisch.

Lastschriftverfahren

Bargeldloses Zahlverfahren, bei dem der Zahlungsempfänger unter Einschaltung eines Zahlungsdienstleisters einen Betrag vom Konto des Zahlers abbuchen lässt. Der bankmäßige Zahlungsvorgang wird dabei (anders als bei der Überweisung) vom Zahlungsempfänger ausgelöst.

Voraussetzung hierfür ist, dass der Zahler dem Zahlungsempfänger seine Zustimmung zum Lastschrifteinzug erteilt und (direkt oder indirekt über den Zahlungsempfänger) seinen Zahlungsdienstleister zur Einlösung der Lastschriften angewiesen hat (Mandat). Vorteile des Lastschriftverfahrens für den Gläubiger bestehen vor allem darin, dass er den Zeitpunkt der Zahlung bestimmt und somit weiß, wann er über die entsprechenden Gegenwerte verfügen kann. Der Schuldner andererseits ist der Mühe enthoben, seine Zahlungstermine zu überwachen und Überweisungen oder Schecks auszustellen. Der Zahlungsempfänger muss dem Zahler den Betrag und die Fälligkeit von Lastschriften ankündigen (Vorabinformation), sodass der Zahler in seinen finanziellen Dispositionen nicht eingeschränkt ist. Durch die Verordnung Nr. 260/2012 (SEPA-Verordnung) dürfen seit 3. August 2014 Lastschriften nur noch in den SEPA-Verfahren des European Payment Councils (EPC) abgewickelt werden. Der EPC hat mit dem SEPA-Basislastschriftverfahren (SEPA Direct Debit Core Scheme) und dem SEPA-Firmenlastschriftverfahren (SEPA Direct Debit Business to Business Scheme) zwei Lastschriftverfahren entwickelt, denen Zahlungsdienstleister beitreten müssen, um an den Verfahren teilzunehmen. Die Rechte und Pflichten und Haftungsverhältnisse innerhalb der Verfahren sind in den entsprechenden Regelwerken des EPC (SEPA Core Direct Debit Rulebook und SEPA Business to Business Direct Debit Rulebook) festgelegt.

Letter of Authority

Sonderform des Akkreditivs, Form der Ziehungsermächtigung. Ermächtigung des Käufers an den Verkäufer, nach Verschiffung der Ware dokumentäre Tratten auf ihn oder seine Bank zu ziehen und einer Bank zum Ankauf anzubieten, um gleich nach dem Versand der Ware in den Besitz des Gegenwertes zu gelangen, ohne auf die Durchführung des Inkassos zu warten.

Liefergarantie

Delivery Guarantee; Form der Bankgarantie, die den Garantiebegünstigten (Käufer) vor den finanziellen Folgen des Risikos schützt, dass der Lieferant (Garantieauftraggeber) nicht vertragsgerecht, vor allem nicht termingerecht liefert oder leistet. Die Höhe der Garantiesumme beträgt hierbei in der Regel fünf bis fünfzehn Prozent des Vertragwertes.

Lorokonto

Bezeichnung für ein Konto, das ein Kreditinstitut für ein anderes in- oder heute meist ausländisches Kreditinstitut in einem Korrespondenzverhältnis führt. Der *Gegensatz* zum Lorokonto ist das Nostrokonto.

Magnetstreifenkarte

Karte der Standardgröße 85,6 x 54 x 0,76 mm. In die Magnetstreifenkarte ist ein in der Regel 12,7 mm breiter Magnetstreifen (Magnetspur) integriert, auf dem Daten in drei Spuren aufgezeichnet bzw. gelesen werden können.

Anwendung vorwiegend als Debitkarte und Kreditkarte.

Aufgrund der Nachteile (geringe Datenkapazität, mangelnde Fälschungssicherheit) wurde die Chipkarte entwickelt. Insbesondere im Euroraum werden Zahlungskarten grundsätzlich mit Chip und Magnetstreifen ausgestattet. Der Magnetstreifen dient mittlerweile vor allem als Fallback-Lösung oder wird beispielsweise noch an Kontoauszugsdruckern genutzt.

Marge

1. *Allgemein:* Differenz zwischen Kursen, An- und Verkaufspreisen, Soll- und Habenzinsfüßen, vorgegebenen Ober- und Untergrenzen und Ähnlichem.

2. Im *Kreditgeschäft:* Häufig Bezeichnung des Aufschlags auf einen Referenzzinssatz, z. B. LIBOR (Kreditmarge), aber auch allgemain die Differenz zwischen Kreditzins und Refinanzierungszins.

3. Im *Arbitragegeschäft:* Unterschied zwischen Kursen an verschiedenen Börsen.

Massenzahlungsverkehr

Kleinzahlungsverkehr, Retail-Zahlungsverkehr; hierunter fallen alle Zahlungen, die nicht einzeltransaktionsorientiert, sondern zusammen mit anderen Zahlungen in der Stapel- bzw. Batch-Verarbeitung abgewickelt werden. Vornehmlich handelt es sich dabei um Zahlungen von Nichtbanken (z. B. Privatpersonen und Unternehmen), die nicht eilbedürftig sind und mit denen in der Regel kleinere Beträge transferiert werden (z. B. Telekommunikationsgebühren, Gehälter oder Mieten). Nur die Summen der abgewickelten Zahlungen sind für ein Kreditinstitut dispositionsrelevant. Der *Gegensatz* ist der Individualzahlungsverkehr.

Mastercard

Weltweit agierendes Kreditkartenunternehmen; die gleichnamige Kredit-karte wird – zumeist über Banken – in Verkehr gebracht. In der Bundesre-publik Deutschland geben die Kreditinstitute die Mastercard mit insti-tutsindividueller Ausprägung aus. Sie dient zur bargeldlosen Bezahlung von Waren und Dienstleistungen, Bargeldbeschaffung oder Nutzung von automatisierten Kassen des Handels. Ca. 400.000 Akzeptanzstellen existieren bundesweit, weltweit über 25 Mio.

Verfügt werden kann sowohl in klassischer Form durch Vorlage der Karte und Unterzeichnung des Leistungsbeleges, als auch an elektronischen La-denkassen und Geldausgabeautomaten, hier in Verbindung mit Eingabe der Persönlichen Identifikationsnummer (PIN) und nachfolgender positi-ver Autorisierung durch die Autorisierungszentrale.

Mengentender

1. *Begriff:* Tenderverfahren einer Zentralbank, bei dem diese im Voraus den Zinssatz festlegt und die teilnehmenden Geschäftspartner den Geldbe-trag bieten, für den sie zum vorgegebenen Zinssatz abschließen wollen.

2. *Zuteilungsverfahren:* Die Zentralbank teilt den Kreditinstituten einen Zinssatz mit, zu dem sie flüssige Mittel zu verleihen bereit ist. Die Ge-samtsumme dieses Offenmarktgeschäftes wird nicht bekannt gegeben. Die interessierten Kreditinstitute melden nun der Zentralbank zurück, welche Beträge sie zu der genannten Kondition aufnehmen wollen. Wird der Angebotsrahmen der Zentralbank durch die Kreditsumme der Inter-essenten gesprengt, erfolgt eine anteilsmäßige Zuteilung (Basis: Prozen-tualer Anteil des Kreditwunsches der Kreditinstitute zur Summe des Mengentenders).

Mittelkurs

Abrechnungskurs im Devisengeschäft; arithmetisches Mittel zwischen Geldkurs und Briefkurs.

Mobile Zahlungen

Durchführung von Zahlungen über Mobiltelefone/Smartphones. Dabei wird grundsätzlich unterschieden zwischen Zahlungen, die in räumlicher Nähe zum Zahlungsempfänger (z. B. Zahlungen in den Räumlichkeiten des Händlers) ausgeführt werden und solchen, die in räumlicher Distanz zum Empfänger ausgeführt werden (z. B. Zahlungen im Onlinehandel). Die Transaktion kann im Hintergrund über klassische Zahlungsinstrumente wie z. B. Überweisung, Lastschrift, Kartenzahlung oder E-Geld-Zahlung abgewickelt werden.

Nachfällige Posten

In der Zinsrechnung Bezeichnung für solche Gut- oder Lastschriften, die erst nach dem Abschlusstag fällig werden. Sollen derartige Posten in die Zinsberechnung per Kontoabschluss einbezogen werden, ist ein besonderes Rechenverfahren erforderlich.

Namensscheck

Scheck, in dem ein namentlich bezeichneter Berechtigter benannt ist. Der Namensscheck ist, soweit er nicht (wie regelmäßig) mit Inhaberklausel versehen ist, ein Orderscheck.

Negotiation

Verkauf eines Wertpapiers, vor allem Begebung einer öffentlichen Anleihe im Wege der festen Übernahme durch Bank oder Konsortium; ebenso: Ankauf von Dokumenten mit eigenem Geld.

Nostrokonto

Bezeichnung für das Konto eines Kreditinstituts, das bei einer in- oder heute meist ausländischen Korrespondenzbank für das Kreditinstitut geführt wird, in der eigenen Buchführung des Kreditinstituts. Der *Gegensatz* zum Nostrokonto ist das Lorokonto.

Nur zur Verrechnung

Quer über die Vorderseite eines Schecks zu setzender Vermerk, der den Scheck zum Verrechnungsscheck macht. Der Vermerk kann von dem Aussteller oder jedem anderen Inhaber des Schecks angebracht werden. Streichung dieses Vermerks gilt als nicht erfolgt (Art. 39 ScheckG).

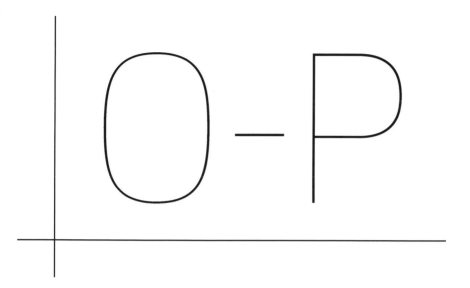

Springer Fachmedien Wiesbaden (Hrsg.), *250 Keywords Bankwirtschaft*,
https://doi.org/10.1007/978-3-658-23658-8_13

Offenlegungspflicht

1. Offenlegungspflicht für *Kreditinstitute:* gemäß § 18 KWG obliegende Verpflichtung. Bei Einräumung von Krediten über insgesamt mehr als 750.000 Euro oder 10 Prozent der anrechenbaren Eigenmittel (Art. 4 Abs. 1 Nr. 71 CRR) muss das Kreditinstitut von dem Kreditnehmer Offenlegung seiner wirtschaftlichen Verhältnisse, vor allem durch Vorlage der Jahresabschlüsse, verlangen. Das Kreditinstitut kann hiervon absehen, wenn das Verlangen nach Offenlegung im Hinblick auf die gestellten Sicherheiten offensichtlich unbegründet wäre.

2. Offenlegungspflicht für *Kapitalgesellschaften und Personengesellschaften im Sinne des § 264 a HGB:* Verpflichtung, den Jahresabschluss und weitere Unterlagen unternehmensgrößenabhängig beim Betreiber des elektronischen Bundesanzeigers, der Bundesanzeiger Verlagsgesellschaft mbH Köln einzureichen, von wo sie an das elektronisch geführte Unternehmensregister weitergeleitet werden. Weiterhin regelt das Aufsichtsrecht im Teil 8 der CRR die Offenlegungspflichen der Institute, wobei Kreditinstitute einen Offenlegungsbericht anzufertigen haben.

Ombudsmann

Bezeichnung für die von den Mitgliedern des Bundesverbandes Deutscher Banken berufenenen Schlichter, die bei strittigen Geschäftsvorfällen zwischen Kunde und Bank bei Bedarf eine außergerichtliche Schlichtung herbeiführen sollen.

Onlinebanking

1. *Begriff:* Erledigung von Bankgeschäften per Rechner von zu Hause aus. Ergänzend kann die Möglichkeit der Beauftragung per Telefax im Fall technischer Probleme gewährt werden. Zahlungsdienstleister bieten im Internet (oder über Onlinedienste) kostengünstige bis kostenfreie Kontoführung an. Erforderlich ist die Eröffnung eines Kontos. Die Legitimationsprüfung kann bei Bedarf auch die Deutsche Post AG oder mittels Videoidentifizierung vorgenommen werden.

2. *Offerierte Dienstleistungen:*

a) Ausführen von Daueraufträgen und Überweisungen (auch in das Ausland);

b) Bestellung von Scheckvordrucken;

c) Aushändigung einer Scheckkarte zur Bargeldversorgung bzw. zur Point-of-Sale-Zahlung etc.;

d) Bestellung von Reiseschecks;

e) Erteilung von Aufträgen für Geld- und Kapitalanlagen bzw. Darlehen;

f) Einzug und Einlösung von Lastschriften.

3. *Bereitgestellte Informationen:* Kontoauszug, Vermögenstatus, Preise für Dienstleistungen, Konditionen des Anlage- bzw. Kreditsektors, Anlageempfehlungen etc.

4. *Voraussetzungen:* PC inklusive geeigneter Übertragungsinstrumente (Modem, ISDN-Karte, DSL-Modem [ISDN, DSL]), Onlinezugang zur Bank. Von der Bank zur Verfügung gestellt werden die persönlichen Identifikationsmittel (z. B. PIN) bzw. Legitimationsmedien für die Kontaktaufnahme; die Sicherung des Dialoges mit der Bank kann auch über das Homebanking Computer Interface (HBCI) Verfahren erfolgen.

Orderscheck

Scheck mit Angabe des Begünstigten, der als Orderpapier durch Indossament übertragen werden kann. Eine Orderklausel ist überflüssig, da der Scheck ein geborenes Orderpapier ist. Orderschecks sind im deutschen Zahlungsverkehr relativ selten, da in Deutschland Schecks regelmäßig eine Überbringerklausel enthalten und damit zum Inhaberscheck werden.

Packing Credit

1. *Begriff:* Der Packing Credit ist ein Akkreditiv, in dem die akkreditiveröffnende Bank eine andere Bank (sogenannte Zweitbank) durch eine Klausel ermächtigt, dem Akkreditivbegünstigten aus dem Akkreditiv einen Vor-

schuss auszuzahlen. Für den gewährten Vorschuss übernimmt die akkreditiveröffnende Bank die Haftung. Voraussetzung der Bevorschussung ist regelmäßig, dass der Akkreditivbegünstigte eine Erklärung abgibt, in der er sich verpflichtet, die im Akkreditiv geforderten (Versand-)Dokumente später, aber vor Verfall des Akkreditivs einzureichen. Darüber hinaus kann die Bevorschussung an die Bedingung geknüpft sein, dass der Akkreditivbegünstigte Sicherheiten zu stellen hat, die sich i.Allg. auf die zu liefernde Ware beziehen und die durch einzureichende Dokumente nachzuweisen sind. Packing Credits können unbestätigt oder von einer anderen Bank bestätigt sein.

2. *Red Clause/Green Clause*: Packing Credits werden in Literatur und Praxis manchmal als *Red-Clause-Akkreditive* bezeichnet. Dies hängt damit zusammen, dass die Ermächtigung an die Zweitbank zur Leistung eines Vorschusses von der akkreditiveröffnenden Bank zur Hervorhebung früher mit roter Tinte in das Akkreditiv eingetragen wurde. Analog erklärt sich die Bezeichnung *Green-Clause-Akkreditive*. Die in der Literatur vorgeschlagene Unterscheidung zwischen Red-Clause- und Green-Clause-Akkreditiven unter dem Aspekt der Stellung von Sicherheiten für den Vorschuss findet keine durchgängige Anwendung.

Passive Scheckfähigkeit

Fähigkeit, Bezogener eines Schecks zu sein. Passive Scheckfähigkeit haben nur Kreditinstitute; doch wird die Gültigkeit der Urkunde als Scheck durch die Nichtbeachtung dieser Vorschrift nicht berührt (Art. 3, 54 ScheckG).

PIN

Abkürzung für *Personal Identification Number;* nur einer oder wenigen Personen bekannter numerischer Code, mit dem diese sich gegenüber einer Maschine authentisieren kann/können. Mit einer PIN kann nur überprüft werden, ob der Teilnehmer den Code kennt, nicht aber, ob er zur Benutzung berechtigt ist.

Häufige Anwendungen für PINs sind: die Authentifizierung an einem Geldausgabeautomaten, einem Kontoauszugsdrucker bzw. beim Internet Banking, die bargeldlose Bezahlung mit der Bankkarte und zugehöriger PIN und der Schutz von Mobiltelefonen vor unberechtigter Nutzung.

PIN-TAN-Verfahren

Das PIN-TAN-Verfahren ist ein Verfahren des Onlinebanking, – genauso wie das Homebanking Computer Interface (HBCI)-Verfahren – zur Berechtigungsprüfung von Nutzern. Eine Persönliche Identifikationsnummer (*personal identification number*, PIN, Geheimzahl) ist eine nur einer oder wenigen Personen bekannte Zahl, mit der sich diese gegenüber einer Maschine authentifizieren können. In der Umgangssprache sind auch der redundante Begriff „PIN-Nummer" oder die Tautologie „PIN-Code" in Verwendung. Eine PIN besteht grundsätzlich nur aus Ziffern (z. B: bei der Eingabe an Geldausgabeautomaten oder POS-Terminals). Dagegen ist mittlerweile beim Onlinebanking aber die Verwendung von PINs aus Ziffern und/oder Buchstaben und/oder Sonderzeichen üblich. Der Anwender authentisiert sich über die verschlüsselte Website seiner Bank in der Regel zunächst durch die Eingabe seiner PIN und erhält so Zugang zu seinem Konto. Um anschließend eine Transaktion, wie zum Beispiel eine Überweisung, durchführen zu können, ist außerdem die Eingabe einer sogenannten TAN (Transaktionsnummer) notwendig. Dieses Einmalpasswort in Form eines Zahlencodes ersetzt in der virtuellen Welt die Unterschrift und macht das Geschäft somit rechtskräftig.

Seit der Einführung des Homebankings gab es in diesem Bereich eine Vielzahl an Modifikationen, um den Sicherheitsstandard zu erhöhen:

PIN/TAN: Beim klassischen PIN/TAN-Verfahren schickt die Bank dem Kunden über den Postweg eine zeitlich unbegrenzt gültige TAN-Liste in Papierform zu. Bei jeder Transaktion konnte eine der zur Verfügung stehenden TANs frei gewählt werden. Aufgrund der zwischenzeitlich erfolgten Kompromittierung wird diese Art der TAN-Liste nicht mehr verwendet.

PIN/iTAN: Einen Schritt weiter ging das indizierte TAN-Verfahren, oder kurz: iTAN. Auch hier bekommt der Kunde eine Liste mit TAN-Nummern im Papierformat zugesandt. Der Unterschied war, dass diese durchnummeriert war und bei jedem Auftrag spezifisch abgefragt wurde. Der Nutzer kann also nicht mehr beliebig aus der Liste wählen, sondern wurde von der Bank aufgefordert, eine bestimmte, durch eine Positionsnummer gekennzeichnete TAN einzugeben, die nur für ein bestimmtes Zeitfenster gültig war. Nach heutigem Stand gilt das iTAN-Verfahren nicht mehr als sicher.

PIN/mTAN: Das mobileTAN-Verfahren (kurz: mTAN) setzt auf einen zweiten Kommunikationskanal zur Mitteilung der TAN und Überprüfung des Vorgangs. Nachdem der Zahlungsauftrag via Internet an die Bank übermittelt wurde, erhält der Kunde die TAN per SMS auf sein Handy. Die SMS enthält darüber hinaus auch die Kontodaten des Empfängers. Nachdem der Anwender die ihm mitgeteilte TAN und die Empfängerdaten überprüft und eingegeben hat, wird die Zahlung freigegeben. Da Mobiltelefone zunehmend mit Internetzugang ausgestattet sind, hat das mTAN-Verfahren grundsätzliche Schwächen, etwa wenn die mTAN auf dasselbe Gerät gesendet wird, das auch für das Online-Banking genutzt wird. Bei einem Verlust des Mobiltelefons besteht zudem der einzige Schutz vor missbräuchlichen Transaktionen in den Zugangsdaten zum Banking. TAN-Generatoren bieten in dieser Hinsicht wesentlich mehr Sicherheit, da die Geräte nicht vernetzt sind.

PIN/eTAN (auch: ChipTAN, Sm@rtTAN): Bei diesem Verfahren erhält der Nutzer von seinem Zahlungsdienstleister einen TANGenerator. Nach erfolgter Auftragserfassung wird dem Nutzer ein Startcode angezeigt. Nach Einführen der Chipkarte in den TAN-Generator muss dieser über das Zifferfeld des TAN-Generators eingegeben und bestätigt werden. Bei den meisten Instituten müssen danach noch die Empfängerkontonummer (bzw. Teile davon) sowie in manchen Versionen der Betrag der Überweisung eingetippt werden.

PIN/eTAN (auch: chip TAN comfort/SmartTAN optic): Die Kunden nutzen einen TAN-Generator mit Ziffernfeld und Karteneinschub. Auf der Rückseite des TAN-Generators befinden sich fünf optische Sensoren. Nachdem ein Auftrag im Online-Banking erfasst wurde, erscheint am Bildschirm eine Grafik, die fünf flackernde Schwarz-Weiß-Flächen enthält. Nach Einstecken der persönlichen Chipkarte in den TAN-Generator und Halten des TAN-Generators am Bildschirm an die Grafik, erfolgt eine Datenübertragung durch Lichtsignale. Übertragen werden Teile der Empfängerdaten, bei einer Einzelüberweisung beispielsweise der (Start-) Code, die Empfängerkontonummer sowie der Überweisungsbetrag. Auf dem Display des TANGenerators werden im Anschluss die übermittelten Daten zur Kontrolle und Bestätigung angezeigt. Der TAN-Generator errechnet nun eine auftragsbezogene TAN, die im Online-Banking eingegeben wird.

photoTAN (auch: QR-TAN): Beim photoTAN-Verfahren werden die Auftragsdaten verschlüsselt als mehrfarbige Mosaikgrafik auf dem Bildschirm angezeigt. Üblicherweise wird dieser Code mittels Smartphone-App gelesen, daraus die zugehörige TAN erzeugt und diese zur Freigabe des Auftrags in der Erfassungsmaske des Online-Banking eingegeben. So erzeugte TANs sind also auftragsbezogen. Zur ihrer Entschlüsselung ist eine vorherige Aktivierung des Smartphones erforderlich, um sicherzustellen, dass nur dieses die Transaktionsdaten entschlüsseln kann. Alternativ zur App bieten einige Banken auch spezielle TAN-Generatoren (Lesegeräte) für photoTAN an.

Point-of-Sale-Zahlungen

POS-Zahlungen. Bezeichnet die Zahlung einer Ware oder Dienstleistung in den Räumlichkeiten des Zahlungsempfängers (z. B. stationärer Einzelhandel). Dabei kann die Zahlung mit Bargeld oder bargeldlos ausgeführt werden. Das bislang am häufigsten eingesetzte unbare Zahlungsinstrument am POS ist die Zahlungskarte. Zunehmend können Transaktionen mittels Zahlungskarte auch kontaktlos via NFC ausgelöst werden.

Pre-Ins

Staaten der EU, die nicht bereits zu Beginn an der Europäischen Wirtschafts- und Währungsunion, Europäische Währungsunion (EWU), teilnehmen wollten (Dänemark, Großbritannien, Schweden).

Preisaushang

Wer Verbrauchern gewerbsmäßige Leistungen anbietet, hat ein Preisverzeichnis mit den Preisen für seine wesentlichen Leistungen aufzustellen.

Dieses ist im Geschäftslokal oder an sonstigen Orten des Leistungsan-

gebots und, sofern vorhanden, zusätzlich im Schaufenster oder Schau-
kasten anzubringen (§ 5 Preisangabenverordnung (PAngV) i.d.F. vom
18.10.2002 (BGBl. I 4197)). Zu den Leistungen, für die ein Preisverzeichnis
anzubringen ist, gehören etwa Kredite (§ 6), Gaststätten (§ 7) oder Tank-
stellen und Parkplätze (§ 8).

Primanota

Bezeichnung für einen zur Buchung vorbereiteten Belegstapel. Insbesondere manuell eingelieferte Zahlungsverkehrsbelege (z. B. Überweisungs-
aufträge, Schecks, Lastschrifteinreichungen) werden zur Verarbeitung
der Bankbuchhaltung gebündelt. Früher wurde das Grundbuch (in der
Bankbuchhaltung) als Primanota bezeichnet.

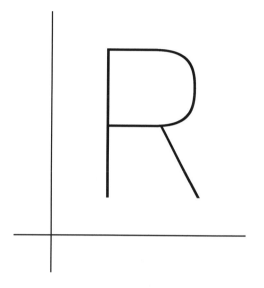

Red Clause

Klausel im Dokumentenakkreditiv (Packing Credit), durch die eine Bank ermächtigt wird, dem Begünstigten schon vor der Einreichung der Dokumente unter vereinbarten Bedingungen Vorschüsse zu gewähren.

Reisekreditbrief

Akkreditiv in Urkundenform (Kreditbrief) zur Erleichterung des Reiseverkehrs. Der Reisende kann gegen Vorlegung der Urkunde bis zu einem im Reisekreditbrief bezeichneten Höchstbetrag bei jedem zum Korrespondentenkreis der ausstellenden Bank gehörenden Kreditinstitut nach entsprechender Legitimation Bargeld abheben. Durch heute übliche Reisezahlungsmittel, z. B. Reisescheck oder Kreditkarte fast völlig verdrängt.

Gebräuchlich ist der Reisekreditbrief vor allem noch in der Türkei und einigen arabischen Staaten.

Reisescheck

Travellerscheck; Zahlungsmittel im internationalen Reiseverkehr in Form von Schecks oder scheckähnlichen Urkunden (Anweisungen), das gegen Einlösung von Unbefugten durch doppelte Unterschrift gesichert ist: Eine Unterschrift bei Aushändigung des Reiseschecks, die zweite beim Einlösen. Reiseschecks lauten auf feste Beträge und sind bei der Ausgabe sofort zu bezahlen. Sie können gegen Vorauszahlung vor allem bei Kreditinstituten in verschiedenen Währungen erworben und bei in- und ausländischen Kreditinstituten eingelöst werden. Abhanden gekommene Reiseschecks werden dem Erwerber ersetzt. Durch die zunehmenden Einsatzmöglichkeiten von international verwendbaren Zahlungskarten hat der Reisescheck nicht nur im europäischen Ausland an Bedeutung verloren.

Rektascheck

Scheck, der durch Rektaklausel („Nicht an Order") zum Rektapapier gemacht geworden ist. Ein Rektascheck ist nach Art. 5 I ScheckG zulässig. Eine Weitergabe durch Indossament ist ausgeschlossen und nur durch

Zession zulässig. Der Rektascheck wird im deutschen Zahlungsverkehr kaum verwendet.

Remboursgeschäft

I. Allgemeines

Die Mitwirkung der Bank bei der Begleichung eines überseeischen Warengeschäfts, in bestimmten Fällen verbunden mit Kreditgewährung *(Rembourskredit)*. Als *Unterlage* für das Remboursgeschäft dienen die Fracht- und Versicherungspapiere (Konnossemente und Versicherungsscheine), eventuell Fakturen und Prüfungszertifikate für Gewicht und Qualität (sogenannte Dokumente).

II. Grundform

Die wichtigste Form des Remboursgeschäfts ist der *Wechselrembours*, bei dem die Bank des Importeurs die Tratte des überseeischen Verkäufers akzeptiert. Der Importeur muss sich den erforderlichen Kredit von der Bank vor Abschluss des Importgeschäfts zusichern lassen, insbesondere, wenn der Exporteur einen bestätigten Bankrembours verlangt. Die Bank akzeptiert die Tratte des Verkäufers gegen Übergabe der Dokumente.

Wegen der langen Zeit, die mit Versendung von Dokumenten und Tratte und Rücksendung der akzeptierten Tratte vergeht, übergibt der überseeische Verkäufer Dokumente und Tratte und Sekunda- und Primaausfertigung seiner Bank in Übersee, welche die Sekunda diskontiert und die Prima nebst den Dokumenten der Bank des Importeurs zum Akzept einsendet. Prima und Sekunda werden zusammen eingelöst, sie sind beide mit einem auf das zugrunde liegende Remboursgeschäft bezogenen Vermerk versehen. Am Fälligkeitstag erfolgt Einlösung durch die bezogene Bank. Die Belastung des Kunden für eine Hergabe des Akzepts erfolgt auf besonderes Trattenkonto, Wert einen Tag vor der Fälligkeit.

III. Modifizierte Form

Die akzeptierende Bank oder Remboursbank braucht nicht eine Bank im Land des Importeurs zu sein. Es wird sogar meist eine Bank sein, die ihren Sitz in einem Land der heute meist vertretenen Welthandelswährungen hat. Das Remboursgeschäft wickelt sich dann etwa in folgender Weise ab:

Eine Bank im Land der Fakturenwährung akzeptiert für Rechnung der Bank des Importeurs oder für Rechnung des Importeurs selbst einen auf sie gezogenen Wechsel und händigt die Tratte Zug um Zug gegen Hereinnahme der vorgeschriebenen Transportdokumente dem Ablader aus, damit er sie bei seiner Bank diskontieren lassen kann. Als *Remboursbanken* fungieren entsprechend den meist im Devisenhandel verwendeten Vertragsgewährungen die Londoner und New Yorker Banken. Ihre Akzepte sind zu besonders günstigen Bedingungen unterzubringen. Oft besorgen die Remboursbanken selbst die Unterbringung von Akzepten und stellen den Erlös dem Ablader zur Verfügung. Aber dies ist ein Sondergeschäftsverhältnis. Die Aufgabe der kreditgewährenden Bank (Remboursbank) ist nur die Akzeptleistung.

Revolvierendes Akkreditiv

1. *Begriff:* Das revolvierende Akkreditiv lautet über einen Betrag, der innerhalb eines bestimmten Zeitraums vom Akkreditivbegünstigten mehrmals (erneut, wieder auflebend, revolvierend) in Anspruch genommen werden kann, bis ein festgelegter Höchstbetrag erreicht ist.

2. *Vorkommen:* Das revolvierende Akkreditiv bietet sich als Zahlungsbedingung an, wenn ein Importeur zur Erlangung eines günstigen Einkaufspreises einen Großabschluss mit einem Exporteur tätigt, der die Abnahme der Ware sukzessive über einen längeren Zeitraum verteilt vorsieht. Solche Sukzessivabnahmen kommen vor allem bei Rohstoffeinkäufen vor.

3. *Zeitliche Gestaltung:* Ist im revolvierenden Akkreditiv eine zeitliche Abfolge der revolvierenden Inanspruchnahme des Akkreditivbetrags nicht festgelegt, dann kann der Akkreditivbegünstigte die Akkreditivbeträge innerhalb der Laufzeit des revolvierenden Akkreditivs in beliebiger zeitlicher Verteilung in Anspruch nehmen, bis der Höchstbetrag erreicht ist. Wenn die Akkreditivbedingungen dagegen eine zeitliche Festlegung vorsehen, ist der Akkreditivbegünstigte bei der Inanspruchnahme der jeweiligen Akkreditivbeträge an die definierten Termine gebunden.

4. *Betragliche Gestaltung:*

a) *Kumulativ* bedeutet im Zusammenhang mit revolvierendem Akkreditiv, dass ein revolvierender Betrag, den der Akkreditivbegünstigte nicht bzw.

nicht vollständig ausgenutzt hat, dem folgenden Betrag zugeschlagen wird. Bei dieser zeitlichen Gestaltung verfallen somit nicht ausgenutzte Beträge nicht, sondern können nachträglich und unter Beachtung der Rahmenbedingungen des revolvierenden Akkreditivs (Laufzeit, Höchstbetrag etc.) in Anspruch genommen werden.

b) *Nichtkumulativ* ist ein revolvierendes Akkreditiv, wenn (revolvierende) Beträge, die der Akkreditivbegünstigte nicht bzw. nicht voll ausgenutzt hat, verfallen. *Besonderheiten:*

(1) Eine automatische Revolvierung bedeutet für die eröffnende Bank, dass Sie über den Grundbetrag hinaus, tatsächlich ein unwiderrufliches abstraktes Zahlungsversprechen für den Gesamtbetrag der kompletten Warenlieferung abgibt. Nur dadurch hat der Begünstigte von Beginn an die gewünschte Absicherung seines gesamten Geschäfts. Aus dieser Folge muss die Kreditlinie des Auftraggebers (Importeurs) von Anfang an mit dem Gesamtbetrag belastet werden.

(2) Revolvierende Akkreditive sind nicht in den Einheitlichen Richtlinien und Gebräuchen für Dokumenten-Akkreditive (ERA) geregelt. Die Vorgehensweisen und die Rechten und Pflichten bei solchen Akkreditiven können daher immer wieder zu Meinungsverschiedenheiten führen.

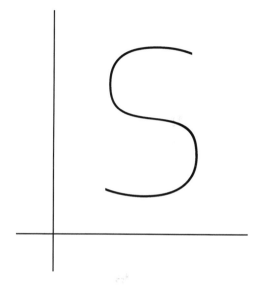

© Springer Fachmedien Wiesbaden GmbH, ein Teil von Springer Nature 2019
Springer Fachmedien Wiesbaden (Hrsg.), *250 Keywords Bankwirtschaft*,
https://doi.org/10.1007/978-3-658-23658-8_15

SB-Terminal

Durch den Bankkunden bedientes Selbstbedienungsterminal.

Scheck

I. Begriff

Anweisung des Ausstellers an seine Bank, eine Zahlung an den Schecknehmer zu leisten. Er darf nur auf eine Bank gezogen werden (passive Scheckfähigkeit). Der Scheck ist ein Wertpapier.

Rechtsgrundlage: Scheckgesetz (ScheckG) vom 14.8.1933 (RGBl. 597) m.spät.Änd.

II. Arten

1. *Nach der Art und Möglichkeit der Übertragung durch den Empfänger* (Art. 14 ScheckG):

a) *Orderscheck:* Der Scheck ist von Gesetzes wegen ein Orderpapier. Orderschecks werden vor allem im internationalen Interbankenzahlungsverkehr verwendet.

b) *Inhaberscheck:* Schecks werden meist mit dem Zusatz „oder Überbringer" oder mit einem gleichbedeutenden Vermerk versehen und dadurch zum Inhaberscheck. Diese sind im deutschen Zahlungsverkehr die am häufigsten vorkommende Form des Schecks. Der vorgedruckte Schecktext darf nicht geändert oder gestrichen werden.

c) *Rektascheck:* Durch die Beifügung der Rektaklausel, „nicht an Order" wird der Scheck zum Rektascheck, d. h. die Indossierung ist untersagt; er kann nur von der als Empfänger benannten Person, dem Nehmer, zur Einlösung vorgelegt werden. In der Praxis kommen solche Schecks kaum vor.

2. *Nach der Möglichkeit der Einlösung durch den Bezogenen:*

a) *Barscheck:* Der Einreicher des Schecks hat grundsätzlich die Wahl zwischen Gutschrift auf seinem Konto oder Barauszahlung, sofern keine Zusätze über die Einlösung vermerkt sind.

b) *Verrechnungsscheck:* Durch den Vermerk „nur zur Verrechnung" auf der Vorderseite des Schecks wird die Barzahlung untersagt, die Einlösung eines solchen Verrechnungsschecks durch den Bezogenen kann gemäß Art. 39 ScheckG nur durch Gutschrift erfolgen.

III. Einzelheiten

1. *Wesentliche Erfordernisse des Schecks:*

(1) Bezeichnung als Scheck im Text der Urkunde, und zwar in der Sprache, in der sie ausgestellt ist;

(2) die unbedingte Anweisung, eine bestimmte Geldsumme zu zahlen;

(3) der Name dessen, der zahlen soll (Bezogener);

(4) die Angabe des Zahlungsorts;

(5) die Angabe des Tages und Ortes der Ausstellung;

(6) die Unterschrift des Ausstellers (Art. 1 ScheckG).

2. *Der Aussteller haftet für die Zahlung des Schecks:* Die Ausstellung ungedeckter Schecks (Scheckbetrug) ist untersagt. Ein Scheck, der vor Eintritt des auf ihm angegebenen Ausstellungstages zur Zahlung vorgelegt wird, ist am Tag der Vorlegung zahlbar (Art. 28 II ScheckG). Auch für die abredewidrige Ausfüllung von Blankoschecks haftet der Aussteller im Rahmen der Bestimmungen des Art. 13 ScheckG.

3. Die *Übertragung des Schecks* erfolgt durch Indossament, bei Inhaberschecks auch durch Einigung und Übergabe, bei Rektaschecks durch Forderungsabtretung.

4. *Zahlbar ist der Scheck* in jedem Fall bei Sicht. Auch der vordatierte Scheck ist bei Vorlegung zahlbar; gegenteilige Angaben gelten als nicht geschrieben (Art. 28 ScheckG). Der Inhaber des Schecks darf Teilzahlung nicht zurückweisen; der Bezogene kann verlangen, dass die Teilzahlung auf dem Scheck vermerkt und ihm Quittung erteilt wird.

5. Die *Vorlegungsfrist* beträgt bei in Deutschland zahlbaren Schecks acht Tage, beginnend mit dem Tage, der in dem Scheck als Ausstellungstag angegeben ist (Art. 29 ScheckG). Die Einlieferung in eine Abrechnungsstelle steht der Vorlegung zur Zahlung gleich (Art. 31 ScheckG).

6. Ein *Widerruf des Schecks* ist erst nach Ablauf der Vorlegungsfrist wirksam. Das bezogene Kreditinstitut und der Scheckaussteller können je-

doch vereinbaren, dass der Widerspruch vor Ablauf der Vorlegungsfrist zu beachten ist. Wenn der Scheck nicht widerrufen ist, kann der Bezogene auch nach Ablauf der Vorlegungsfrist Zahlung leisten (Art. 32 SchG). Doch ist Schecksperre bei abhanden gekommenen Schecks möglich.

7. Für *Rückgriff und Scheckprotest* beim Orderscheck gelten ähnliche Bestimmungen wie beim Wechsel. Rückgriffansprüche des Inhabers verjähren in sechs Monaten vom Ablauf der Vorlegungsfrist an.

8. Für *abhanden gekommene Schecks* erfolgt Kraftloserklärung im Wege des Aufgebotsverfahrens.

Scheckdeckungsanfrage

Meist telefonische Anfrage der Bank des Scheckinhabers nach der Deckung eines Schecks bei der bezogenen Bank. Die Auskunft kann allenfalls unter dem Vorbehalt gegeben werden, dass der Scheck z. Z. der Anfrage gedeckt ist und eingelöst würde, falls die übrigen Formalien in Ordnung seien. Die Aussage verpflichtet die bezogene Bank beim späteren Vorkommen des Schecks nicht zur Einlösung bei dann eventuell fehlender Deckung.

Im Hinblick auf das Bankgeheimnis ist eine Scheckdeckungsanfrage durch Nichtbanken zumeist nicht möglich.

Scheckfähigkeit

Fähigkeit, rechtswirksam als Aussteller oder Indossant einen Scheck zu begeben *(aktive Scheckfähigkeit)* oder Bezogener eines Schecks sein zu können *(passive Scheckfähigkeit).*

Aktive Scheckfähigkeit besitzt jede geschäftsfähige Person. Schecks dürfen nur auf Banken gezogen werden (Art. 3, 54 ScheckG).

Scheckkarte

Im Zusammenhang mit dem Ende 2001 eingestellten garantierten Eurocheque häufig genutzte Bezeichnung für die Bankkundenkarte bzw. EC-Karte.

Schecksperre

Mitteilung eines Scheckausstellers an das bezogene Geldinstitut mit dem Ziel, die Einlösung des Schecks zu verhindern. Die Schecksperre kann bewirkt werden

(1) durch den Widerruf gemäß Art. 32 SchG und

(2) durch Mitteilung an das bezogene Geldinstitut, dass ausgehändigte Scheckformulare abhanden gekommen sind und daher möglicherweise von unbefugten Dritten missbraucht werden.

1. *Widerruf:* Der Kontoinhaber als Aussteller kann die in einem Scheck liegende Zahlungsanweisung jederzeit widerrufen.

2. *Mitteilung des Abhandenkommens:* Erhält das Kreditinstitut von dem Kontoinhaber Kenntnis, dass ihm Scheckformulare oder sonstige Unterlagen (Bestellvordrucke) abhandengekommen, besonders gestohlen worden sind, so darf es die später eingereichten Schecks auch nicht innerhalb der Vorlegungsfrist einlösen. Art. 2 SchG greift hier nicht, da wegen der Fälschung von Anfang an keine wirksame Anweisung des Kunden vorgelegen hat. Dies gilt umso mehr, als ein gutgläubiger Scheckinhaber gegenüber dem Aussteller wegen des Fälschungseinwands keinerlei Rückgriffsansprüche besitzt (Art. 10 und 51 SchG). Eine Missachtung führt zu einem Regressanspruch des Kunden aus positiver Vertragsverletzung.

Scheidemünzen

Hartgeld, dessen Metallwert unter dem aufgeprägten Nennwert liegt (unterwertige Münzen). Das in Deutschland verwendete Münzgeld besteht aus Scheidemünzen. Sie sind nur in einem begrenztem Umfang gesetzliches Zahlungsmittel. Die Annahmepflicht ist beschränkt. Der *Gegensatz* zu Scheidemünzen sind Kurantmünzen.

Schlichtungsstelle der Deutschen Bundesbank

Die Schlichtungsstelle bei der Deutschen Bundesbank wurde bereits im Jahre 1999 eingerichtet. Sie ist seit der grundlegenden gesetzlichen Neuordnung der außergerichtlichen Streitschlichtung mit Wirkung vom 1. April 2016 eine behördliche Verbraucherschlichtungsstelle und wird in der vom Bundesamt für Justiz veröffentlichten Liste der in Deutschland anerkannten Verbraucherschlichtungsstellen und in der von der Europäischen Kommission veröffentlichten Liste der europaweit anerkannten Schlichtungsstellen geführt.

Die Einrichtung und die Zuständigkeit sind in § 14 des Unterlassungsklagengesetzes (UKlaG) geregelt. Die Schlichtungsstelle ist eine sogenannte Auffangschlichtungsstelle, d. h. sie wird innerhalb ihres Zuständigkeitsbereichs gemäß § 14 Abs. 1 Satz 1 Nr. 1 – 4 UKlaG (unter anderem Zahlungsdienstleistungen, Verbraucherkredite) nur tätig, wenn es für die Streitigkeit keine anerkannte private Verbraucherschlichtungsstelle gibt.

Das Verfahren der Schlichtungsstelle wird in der Finanzschlichtungsstellenverordnung (FinSV) geregelt.

SCHUFA

Kurzbezeichnung für *Vereinigung der deutschen Schutzgemeinschaften für allgemeine Kreditsicherung e.V.*

1. *Institution:* SCHUFA ist eine Gemeinschaftseinrichtung der kreditgebenden Wirtschaft in Form einer Holding AG. Aktionäre und auch Vertragspartner der Holding sind Unternehmen, die in ihren Geschäftsbeziehungen mit Kunden ein Kreditrisiko eingehen, d. h. vor allem Kreditinstitute, Kreditkarten- und Leasinggesellschaften, Handels- und Telekommunikationsunternehmen sowie sonstige Unternehmen, die Leistungen und Lieferungen gegen Kredit gewähren.

2. *Aufgabe und Arbeitsweise:* Die SCHUFA hat die Aufgabe, ihren Vertragspartnern Informationen zu geben, um sie vor Verlusten im Kreditgeschäft zu schützen. Diese Informationen erhält sie überwiegend von den Vertragspartnern selbst, aber auch aus öffentlichen Verzeichnissen und amtlichen Bekanntmachungen (z. B. eidesstattliche Versicherung, Eröffnung eines Konkursverfahrens). Die Auskünfte beinhalten Angaben zu natürlichen Personen sowie Informationen über nicht vertragsgemäße Abwicklungen von Geschäften. Für die Zusammenarbeit gilt das Prinzip der gegenseitigen Information: Der Verpflichtung der SCHUFA zur Erteilung von Auskünften entspricht die Verpflichtung ihrer Vertragspartner, bekannt werdende Informationen im definierten Umfang an die SCHUFA weiterzuleiten.

3. *SCHUFA und Datenschutz:* Die Vertragspartner übermitteln der SCHU-FA Daten über die Beantragung, Aufnahme und Beendigung sowie vertragsgemäße Abwicklungen von kreditorischen Leistungen. Der Kunde muss der Übermittlung der Daten schriftlich zustimmen (sogenannte SCHUFA-Klausel). Mit Unterzeichnung dieser Klausel stimmt der Kunde zu, dass Vertragspartner sogenannte Positivdaten des Kunden (Daten über Beantragung, Aufnahme und Abwicklung eines Kredits bzw. Vertrags) der SCHUFA mitteilt. Die Vertragspartner dürfen an die SCHUFA auch Daten über ein nicht vertragskonformes Verhalten des Kunden übermitteln (z. B. Kreditkartenmissbrauch). Die Übermittlung dieser Daten ist unabhängig von der Einwilligung des Kunden dann erlaubt, wenn sie zur Wahrung berechtigter Interessen eines Vertragspartners der SCHUFA erforderlich ist (§ 28 III i.V. mit § 28 I Satz 2 BDSG). Die Vertragspartner erhalten nur dann von der SCHUFA Informationen, wenn sie in jedem Einzelfall ein berechtigtes Interesse im Sinn des Bundesdatenschutzgesetzes (BDSG) glaubhaft nachweisen. Vertragspartner dürfen nur über solche Personen Auskünfte einholen, die mit ihnen ein konkretes, mit einem Kreditrisiko verbundenes Geschäft abschließen wollen. Die SCHUFA-Daten werden nach Ablauf bestimmter Fristen wieder gelöscht.

Secure Electronic Transaction (SET)

Hochsichere Zahlungsverkehrstechnologie der Kreditkartenanbieter Visa und MasterCard mit Zahlungsgarantie. Die bereits durch Secure Socket Layer (SSL) bekannte Sicherheit in Bezug auf Dateneinsicht und Datenmanipulation während des Datenübertrags in offenen Netzen wurde durch das Merkmal einer Authentifikation ergänzt. Digitale Zertifikate legitimieren Karteninhaber und Händler gegenseitig und kommen dem Charakter einer Face-to-Face-Zahlung am Point of Sale (POS) gleich. Während bei der POS-Zahlung die positive Prüfung der Authorisierungszentrale die Zahlungsgarantie entstehen lässt, begründen bei SET die digitalen Zertifikate die Zahlungssicherheit.

Komponenten und Verfahren: Sowohl Karteninhaber als auch Händler benötigen ein SET-Zertifikat. Der Karteninhaber erhält durch die kartenherausgebende Bank in Form einer Software eine sogenannte Wallet (elektronische Brieftasche), deren Inhalt aus zertifizierten elektronischen Kreditkarten besteht. Der Händler installiert einen SET-fähigen Server, der SET-Transaktionen aufnimmt, um diese an die Händlerbank weiterzugeben. Die Händlerbank gibt die SET-Transaktion über einen Payment Gateway an die betroffene Kreditkartenorganisation weiter. Die Transaktion zwischen Händlerbank und der Kreditkartenorganisation verläuft im Gegensatz zur Transaktion zwischen Kunde und Händler in hochsicheren internen Netzwerken (geschlossene Netze). Derzeit bestehen Überlegungen, auch noch nicht erfasste Zahlungsmedien, z. B. Wertkarten für Micropayments, in das SET-Verfahren zu integrieren. Nahezu alle namhaften Kreditkartengesellschaften beabsichtigen, SET als Standardanwendung zu etablieren.

SecurePay-Forum

Das „Forum on the Security of Retail Payments" (SecuRe Pay) ist eine freiwilligen Kooperation zuständiger Behörden des Europäischen Wirtschaftsraums (EWR), die insbesondere für die Aufsicht über Zahlungsdienstleister und die Zahlungsverkehrsüberwachung verantwortlich sind.

Es steht unter gemeinsamer Leitung der Europäischen Zentralbank und der europäischen Bankenaufsichtsbehörde EBA. Das Forum wurde mit dem Ziel gegründet, den allgemeinen Wissensstand über die Sicherheit elektronischer Zahlungsverkehrsdienste und -instrumente zu fördern und bei Bedarf Empfehlungen abzugeben. Im Januar 2013 veröffentlichte das SecuRe Pay-Forum die "Empfehlungen für die Sicherheit von Internetzahlungen", die der EBA als Basis für die von ihr im Dezember 2014 erlassenen Leitlinien zur Sicherheit von Internetzahlungen dienten. Seit dem Inkrafttreten der überarbeiteten Richtlinie über Zahlungsdienste im Binnenmarkt (EU 2015/2366) im Dezember 2015 ist das SecuRe Pay-Forum außerdem in die Erarbeitung von Richtlinien und Verordnungen der EBA eingebunden, die die Sicherheit im Zahlungsverkehr betreffen.

Selbstbedienung (SB)

Verkaufsmethode im Einzelhandel.

1. *Formen:*

a) *„Totale" Selbstbedienung:* Der Kunde übernimmt sämtliche Verkäuferfunktionen (Warenauswahl, innerbetrieblichen Warentransport, Inkasso). Realisiert in Automatenläden.

b) *Typischer Selbstbedienungsladen:* Vorherrschend ist Bedienungsform der Selbstauswahl.

2. *Bedeutung:* Durch fortschreitende Standardisierung (Markenartikel), neue Verkaufstechniken und Ausweitung der Kundenkenntnisse ist Selbstbedienung heute weit über den Lebensmittelhandel hinaus verbreitet. Da die angebotenen Waren selbstbedienungsgerecht verpackt sein müssen, ergeben sich neuerdings Grenzen aus dem Bemühen, Verpackungen zu reduzieren. Formen der Selbstbedienung haben sich zu einem generell angewendeten Verkaufsprinzip entwickelt. Auch Banken haben das Selbstbedienungsprinzip zur Geldabhebung an Geldausgabeautomaten (GAA) und zur Durchführung von Überweisungen sowie anderen Bankgeschäften an Selbstbedienungsterminals mittels Bankkundenkarte aufgegriffen.

SEPA-Kartenzahlung

Das Rahmenwerk für den Kartenzahlungsverkehr (SEPA Cards Framework – SCF) des EPC definiert generelle Anforderungen an Banken und andere Zahlungsdienstleister, Kartensysteme sowie andere Marktbeteiligte, durch die Kartenzahlungen und Bargeldabhebungen in Euro innerhalb des Euro-Zahlungsverkehrsraums ebenso schnell, sicher und effizient abgewickelt werden können, wie im Heimatland.

Für die grenzüberschreitende Kartennutzung beschreibt das Rahmenwerk drei Möglichkeiten:

(a) Ablösung nationaler durch internationale Kartensysteme,

(b) Kooperation nationaler mit internationalen Kartensystemen bei grenzüberschreitendem Einsatz (sogenanntes „Co-Branding") sowie

(c) Ausdehnung des Operationsbereiches nationaler Kartensysteme durch eigene Expansion oder Allianzen mit anderen (nationalen) Kartensystemen.

Die Verwendung einer Karte im gesamten Euro-Zahlungsverkehrsraum in gleicher Weise wie im Heimatland erfordert eine weitgehende technische Standardisierung für die Interoperabilität aller Elemente von Kartentransaktionen und die Definition einheitlicher Sicherheitsanforderungen und Zertifizierungsprozesse für Karten und Terminals.

Das Ziel, eine Grundlage für die Interoperabilität nationaler Kartensysteme zu schaffen, verfolgt die Berlin Group mit ihrem Standard zum „SEPA Cards Clearing". Dieser baut, wie alle SEPA-Formate, auf den Vorgaben des internationalen ISO 20022-Standards auf.

Da es sich um einen offenen, nicht proprietären, ISO-konformen Standard handelt, entspricht er den Forderungen des SCF und des Eurosystems.

SEPA-Lastschrift

Die SEPA-Lastschrift (Single Euro Payments Area (SEPA)) wird seit November 2009 im gesamten SEPA-Raum angeboten, d. h. in den Mitgliedstaaten der Europäischen Union, den EWR Staaten Island, Liechtenstein und Norwegen sowie sonst. Staaten und Gebiete (Stand April 2016: Mayotte, Monaco, Schweiz, Saint-Pierre, Miquelon, San Marino und die britischen Inseln Guernsey, Jersey und Isle of Man). Bei der SEPA-Lastschrift werden die bekannten „SEPA-Standards" (IBAN zur Identifizierung von Zahler- und Zahlungsempfängerkonten, BIC zur Kennzeichnung der Zahlungsdienstleister und das ISO 20022-Format) genutzt. Zur kontounabhängigen und eindeutigen Kennzeichnung des Lastschriftgläubigers dient die Gläubiger-Identifikationsnummer (Gläubiger-ID), die zusammen mit der Mandatsreferenznummer ein Mandat eindeutig identifiziert.

Es wird zwischen einer Basisvariante (SEPA Core Direct Debit) und einem Verfahren, das ausschließlich für den Verkehr mit Geschäftskunden vorgesehen ist (Firmenlastschrift oder SEPA Business to Business Direct Debit) unterschieden. Die Basisversion der SEPA-Lastschrift enthält zahlreiche vom deutschen Einzugsermächtigungslastschriftverfahren bekannte Elemente. Die SEPA-Firmenlastschrift berücksichtigt die Bedürfnisse von

Geschäftskunden und ähnelt unserem früheren Abbuchungsauftragsverfahren.

Gemäß den Regelwerken müssen SEPA-Lastschriften mit mindestens einem Geschäftstag Vorlauffrist bei der Zahlstelle vorliegen. Einer SEPA-Basis-Lastschrift kann innerhalb von acht Wochen nach Kontobelastung widersprochen werden, sodass der Belastungsbetrag wieder gutgeschrieben wird. Bei einer nicht autorisierten Zahlung, d. h. Einzug ohne gültiges SEPA-Mandat, kann der Zahler innerhalb von 13 Monaten nach Belastung die Erstattung des Lastschriftbetrages verlangen. Bei Firmenlastschriften beträgt die Vorlaufzeit ebenfalls einen Tag vor Fälligkeit.

Die rechtliche Legitimation für den Einzug von SEPA-Lastschriften sind SEPA-Mandate. Diese umfassen sowohl die Zustimmung des Zahlers zum Einzug der Zahlung per SEPA-Lastschrift an den Zahlungsempfänger als auch den Auftrag an den eigenen Zahlungsdienstleister zwecks Einlösung und Kontobelastung der Zahlung.

SEPA-Überweisung

Die SEPA-Überweisung wird seit dem 28.1.2008 angeboten. Sie erlaubt Euro-Überweisungen ohne Betragsgrenze im gesamten SEPA-Raum, der aus den Mitgliedstaaten der Europäischen Union, den EWR-Staaten (EWR) Island, Liechtenstein und Norwegen sowie sonstigen Staaten und Gebieten (Stand April 2016: Mayotte, Monaco, Schweiz, Saint-Pierre, Miquelon, San Marino und die britischen Inseln Guernsey, Jersey und Isle of Man) besteht.

Die Standards der SEPA-Überweisung wurden vom European Payments Council (EPC) entwickelt (SEPA Credit transfer scheme rulebook) und basieren auf europäischen oder internationalen Standards. So werden Zahler- und Zahlungsempfängerkonten durch die International Bank Account Number (IBAN) und die Zahlungsdienstleister durch den Business Identifier Code (BIC) identifiziert. Um Interoperabilität sicherzustellen, ist für den zwischenbetrieblichen Zahlungsverkehr und im dateigebundenen Geschäftsverkehr mit Kunden, die keine Verbraucher sind, der Standard ISO 20022 vorgegeben. Die Ausführungsfrist beträgt seit 1.1.2012 einen Geschäftstag; bei beleghafter Einreichung verlängert sie sich um einen Geschäftstag. Der Überweisungsbetrag ist ungekürzt dem Zahler zur Verfügung zu stellen. Es gilt das Prinzip der Entgelttei-lung, d. h. Zahler und Zahlungsempfänger zahlen jeweils die Entgelte ihrer Zahlungsdienstleister. Seit 3.8.2014 ist die SEPA-Überweisung die einzige Möglichkeit zur Abwicklung von Überweisungen in Euro, da nur sie den verbindlichen Anforderungen der sogenannten SEPA-Verord-nung entspricht.

SEPA-Verordnung

Verordnung Nr. 260/2012 zur Festlegung der technischen Vorschriften und der Geschäftsanforderungen für Überweisungen und Lastschriften in Euro und zur Änderung der Verordnung (EG) Nr. 924/2009: Die Vorgabe rechtlicher und technischer Anforderungen an Lastschriften und Über-weisungen in Euro in der EU ab 2014 führte dazu, dass die früheren natio-nalen Überweisungs- und Lastschriftverfahren eingestellt werden muss-ten. Nur die vom EPC entwickelten SEPA-Überweisung bzw. SEPA-Lastschrift genügen diesen Anforderungen. Zur Durchsetzung des einheitlichen Euro-Zahlungsverkehrsraums (SEPA) enthält die Verord-nung für Kreditinstitute in der EU, die Inlandsüberweisungen bzw. -Last-schriften angeboten haben, auch eine Erreichbarkeitsverpflichtung für SEPA-Überweisungen bzw. SEPA-Lastschriften.

Settlement

Durch das Settlement werden Verpflichtungen, die aus Zahlungs- und Wertpapierabwicklungen entstanden, zwischen zwei oder mehreren Par-teien mit schuldbefreiender Wirkung erfüllt. Dabei können die Verpflich-tungen sowohl in Zentralbank- als auch in Geschäftsbankengeld eingelöst werden. Dem Settlement geht meist ein Clearing voraus, das oft in einem Automated Clearing House (ACH) erfolgt.

Sichtkurs

Devisenkurs für den Ankauf von Auslandsschecks in Fremdwährung.

Signaturkarte

Bei der qualifizierten elektronischen Signatur wird der private Schlüssel (Kpriv), der zur Signaturerzeugung verwendet wird, zum Schutz in einer sogenannten sicheren Signaturerstellungseinheit (§ 2 Nr. 10 SigG) – z. B. einer besonders gesicherten Chipkarte (Signaturkarte) gespeichert. Der Chipkartenhersteller muss in einem Prüf- und Bestätigungsverfahren nachweisen, dass ein Auslesen aus der Chipkarte unmöglich sowie der Signaturalgorithmus auf der Chipkarte sicher implementiert ist.

Die Signaturkarte gilt heute als das sicherste Instrument zur Onlinelegitimation. Sie findet ihren Einsatz unter anderem sowohl bei Bankgeschäften, bei virtuellen Behördengängen oder als Internetausweis.

Single Euro Payments Area (SEPA)

1. *Begriff und Dimension*: Abkürzung für Single Euro Payments Area (Einheitlicher Euro-Zahlungsverkehrsraum), in dem alle Euro-Zahlungen wie inländische Zahlungen behandelt werden. Mit SEPA wird nicht mehr zwischen nationalen und grenzüberschreitenden Zahlungen unterschieden. Nutzer von Zahlungsdiensten können mit SEPA bargeldlose Euro-Zahlungen von einem einzigen Konto in einheitlichen Verfahren (SEPA-Überweisungs-, SEPA-Lastschriftverfahren) ebenso einfach, effizient und sicher vornehmen wie früher auf nationaler Ebene. SEPA betrifft jedes Kreditinstitut und jeden Kontoinhaber, ganz gleich ob Privatperson, Wirtschaftsunternehmen oder Verein. Der SEPA-Raum besteht aus den 28 EU-Staaten, den weiteren EWR-Ländern Island, Liechtenstein und Norwegen sowie der Schweiz, Monaco, Saint Pierre, Miquelon, San Marino und den britischen Inseln Guernsey, Jersey und Isle of Man.

2. *Zielsetzungen*: Mit der Einführung des Euro als gemeinsamer Währung im Jahr 1999 und der Eurobanknoten und -münzen im Jahr 2002 wurden bereits wichtige Grundlagen für einen einheitlichen Euro-Zahlungsverkehrsraum gelegt. Die Einwohner des Euroraums können seitdem Barzahlungen im gesamten Eurowährungsgebiet ebenso einfach durchführen wie zuvor mit der nationalen Währung im eigenen Land. Die Einführung des Euro führte jedoch noch nicht zur Verwirklichung eines Binnenmarktes im unbaren Zahlungsverkehr. Die Zahlungsverkehrsmärkte in Europa

waren stark fragmentiert. So verfügte jedes Land über eigene technische Standards, z. B. in Bezug auf die Kontonummern-Systematik oder das Datenformat für den Zahlungsaustausch. Des Weiteren waren die einzelnen Zahlungsverfahren in jedem Land unterschiedlich ausgestaltet. So bestanden beispielsweise deutliche Unterschiede zwischen dem deutschen und dem französischen Lastschriftverfahren. Mit SEPA wurde die Währungsunion für den Binnenmarkt abgeschlossen. Die traditionellen Strukturen der alten nationalen Zahlungsverkehrsmärkte wurden aufgebrochen. Nun gibt es in Europa einheitliche Verfahren und Standards, sodass jeder Kunde Überweisungen, Lastschriften und Kartenzahlungen in einheitlicher Weise überall in Europa einsetzen kann. Durch die Harmonisierung können die Bankkunden ihren gesamten Euro-Zahlungsverkehr über eine beliebige Bank im Euroraum abwickeln. Die Abschottung der bisherigen nationalen Märkte wurde zugunsten eines europaweiten Zahlungsverkehrsmarktes aufgehoben und europaweiter Wettbewerb geschaffen. SEPA betrifft also nicht nur den grenzüberschreitenden Eurozahlungsverkehr, sondern führte zu einer vollständigen Integration der nationalen Zahlungsverkehrsmärkte.

3. *Beteiligte*: Im Jahr 2002 erklärte das europäische Kreditgewerbe in einem „Weißbuch" seine Absicht, einen einheitlichen Zahlungsverkehrsraum in Europa zu schaffen. Zur Steuerung dieser Aktivitäten wurde ebenfalls im Jahr 2002 der Europäische Zahlungsverkehrsrat (European Payments Council (EPC)) gegründet. Der EPC entwickelte die gemeinsamen europäischen Regeln für SEPA-Überweisungen und SEPA-Lastschriften. Auf nationaler Ebene begleitet das deutsche Kreditgewerbe im Rahmen der Deutschen Kreditwirtschaft (DK) unter Mitwirkung der Deutschen Bundesbank die Arbeiten. Die Deutsche Bundesbank und die übrigen Zentralbanken des Eurosystems fördern den SEPA-Prozess und begleiten die Arbeiten des Kreditgewerbes aktiv im Rahmen ihrer politischen „Katalysator"-Funktion. Die Bundesbank fungiert als Bindeglied zwischen deutschem Kreditgewerbe und Eurosystem. Um die reibungslose Einführung von SEPA in Deutschland zu erleichtern, hatte die Deutsche Bundesbank zusammen mit dem Bundesministerium der Finanzen den SEPA-Rat ins Leben gerufen, in dem sowohl die Anbieterseite (vor allem die Deutsche Kreditwirtschaft) als auch die Nachfrager (unter an-

derem Unternehmen, Handel, Verbraucherinnen und Verbraucher sowie öffentliche Verwaltungen) vertreten waren. Nach erfolgter SEPA-Migration wurde der deutsche SEPA-Rat durch das Forum Zahlungsverkehr unter Leitung der Deutschen Bundesbank abgelöst. Das Forum orientiert sich an dem Euro Retail Payments Board (ERPB) und dient als nationale Plattform für den offenen Austausch vor allem bei strategischer Weiterentwicklung des Zahlungsverkehrs in Deutschland.

4. *Zeitplanung*: Am 28.1.2008 wurde die SEPA-Überweisung und am 2.11.2009 die SEPA-Lastschrift eingeführt. Ursprünglich sollten sich die SEPA-Verfahren im Wege eines marktgetriebenen Prozesses etablieren. Gleichwohl dominierten in fast allen Euro-Ländern die gewohnten nationalen Verfahren. Um einen ineffizienten Parallelbetrieb alter und neuer Zahlverfahren zu vermeiden, war daher ein Auslauftermin für die nationalen Verfahren notwendig. Da sich die an SEPA beteiligten Zahlungsdienstleister untereinander nicht auf einen verbindlichen Auslauftermin einigen konnten, sah sich der europäische Gesetzgeber genötigt, diesen per Verordnung zu erlassen. Mit der am 31.3.2012 in Kraft getretenen SEPA-Verordnung (Verordnung (EU) Nr. 260/2012 zur Festlegung der technischen Vorschriften und der Geschäftsanforderungen für Überweisungen und Lastschriften in Euro und zur Änderung der Verordnung (EG) Nr. 924/2009) hat der europäische Gesetzgeber einen gemeinsamen Auslauftermin festgelegt. Dieser galt sowohl für Unternehmen, öffentliche Verwaltungen, Vereine als auch für alle Verbraucherinnen und Verbraucher. Ab Februar 2014 müssen die in den Euro-Ländern angebotenen Verfahren für Überweisungen und Lastschriften grundsätzlich die in der SEPA-Verordnung definierten Anforderungen erfüllen und damit auf einer europaweit einheitlichen Basis stehen.

Befürchtungen, dass zum 1. Februar 2014 nicht alle Beteiligten die SEPA-Migration problemlos vollziehen können und es dadurch zu Problemen im Zahlungsverkehr kommen könnte, veranlassten den europäischen Gesetzgeber zur Verabschiedung der Verordnung Nr. 248/2014, mit der die nationalen Verfahren noch für eine Übergangszeit von einem halben Jahr bis zum 3. August 2014 erlaubt wurden. Diese technischen Anforderungen der SEPA-Verordnung erfüllten allein die SE-

PA-Verfahren. Der Auslauftermin für Mitglieder der Europäischen Union, die den Euro nicht als Landeswährung verwenden, war der 31.10.2016.

Skontration

Ausgleich von Forderungen und Verbindlichkeiten durch Aufrechnung, wie unter anderem bei der Liquidation von Termingeschäften oder beim Netto-Clearing von Zahlungssystemen (z. B. Euro1 der EBA). Man unterscheidet zwischen bilateraler und multilateraler Skontration.

Sorten

Banknoten und Münzen, die über eine ausländische Währung lauten. Sorten werden häufig zu den Devisen gezählt. Sie werden jedoch im Gegensatz zu Devisen nicht amtlich gehandelt.

Sortenhandel

Bankmäßiger Handel mit ausländischen Banknoten und Münzen (Geldsorten); von besonderer Bedeutung für den Reiseverkehr.

Die *Kursbildung* erfolgt frei am Markt. Bei vollständig konvertiblen Währungen orientiert sich der Sortenkurs am Devisenkurs.

Sortenkurs

Kurs ausländischer Geldsorten (Banknoten) an der Börse.

Sperren

Maßnahmen zur Verhinderung vor allem der Einlösung, Übertragung und Verpfändung von Wertpapieren etc.

1. Sperren von *Sparbüchern* erfolgt durch die Sparkasse bzw. Bank auf Verlustanzeige des Sparers, um Abhebungen durch nicht Berechtigte zu verhindern.

2. Schecksperre.

Stand-by Letter of Credit

1. *Begriff und Merkmale:* Der Stand-by Letter of Credit ist seinem Rechts-charakter nach ein Akkreditiv und umfasst ein Zahlungsversprechen (Schuldversprechen) der akkreditiveröffnenden Bank. Die Besonderheit von Stand-by Letters of Credit liegt darin, dass sie als garantieähnliche Instrumente eingesetzt werden, d. h. sie werden in der Regel nicht in An-spruch genommen: Mit Stand-by Letters of Credit können warenbezoge-ne Verpflichtungen (z. B. die Erfüllung von Kaufverträgen hinsichtlich der Lieferung, der Bezahlung oder der Gewährleistung) ebenso akkreditivmä-ßig abgesichert (garantiert) werden wie Verpflichtungen zur Rückzahlung von Krediten. Grundsätzlich können Stand-by Letters of Credit unwider-ruflich bzw. widerruflich, unbestätigt bzw. bestätigt sowie übertragbar er-öffnet werden. Ihren Ursprung haben Stand-by Letters of Credit in den USA, wo die Garantie als Zahlungsverpflichtung nicht bekannt ist im Au-ßenhandel üblichen und notwendigen Garantien ersetzen.

2. *Stand-by Letter of Credit als reines Garantieinstrument:* Bei der reinen Form des Stand-by Letter of Credit wird die Zahlung der eröffnenden Bank nicht durch Vorlage von (Versand-)Dokumenten ausgelöst, wie dies bei den anderen Akkreditivarten der Fall ist. Bei dieser Form des Stand-by Let-ter of Credit wird der Zahlungsanspruch des Begünstigten vielmehr durch eine schriftliche Erklärung (Written Statement) begründet, die der Be-günstigte selbst oder ein (neutraler) Dritter in Übereinstimmung mit den im Stand-by Letter of Credit definierten Zahlungs-(Garantie-)Vorausset-zungen ausstellt.

3. *Stand-by Letter of Credit als dokumentäres Garantieinstrument:* Zuneh-mend treten Formen des Stand-by Letter of Credit in Erscheinung, die nicht nur reinen Garantiecharakter tragen, sondern zugleich der Absiche-rung der Bezahlung von Exportgeschäften dienen und die insoweit – wie die anderen Akkreditivarten – zugleich dokumentären Charakter haben (sogenannte dokumentäre Stand-by Letters of Credit). Der begünstigte Exporteur erlangt bei solchen Formen Zahlung aus dem Stand-by Letter of Credit nur, wenn er

(1) die im Stand-by Letter of Credit definierte (von ihm selbst oder von einem Dritten auszustellende) Erklärung einreicht und außerdem

(2) jene (Versand-)Dokumente vorlegt, wie sie bei den übrigen Akkreditivarten üblicherweise in Erscheinung treten und wie sie in den Bedingungen des Stand-by Letter of Credit im Einzelfall festgelegt sind.

Starke Kundenauthentifizierung

Um die Sicherheit im Zahlungsverkehr zu verbessern wurde im Rahmen der Überarbeitung der Richtlinie über Zahlungsdienste im Binnenmarkt (Payment Services Directive, PSD2) die Verpflichtung zur sogenannten „starken Kundenauthentifizierung" aufgenommen, wenn ein Zahler online auf sein Konto zugreift, einen elektronischen Zahlungsvorgang auslöst oder über einen Fernzugang eine Handlung vornimmt, die das Risiko eines Betrugs im Zahlungsverkehr oder anderen Missbrauch birgt. Die starke Kundenauthentifizierung orientiert sich an den Empfehlungen des „European Forum on the Security of Retail Payments" für die Sicherheit von Internet-Zahlungen und schreibt die Authentifizierung über die Verwendung von zwei Faktoren aus den unterschiedlichen Merkmalen Wissen (z. B. Passwort, Code, PIN), Besitz (z. B. Token, Smartphone) und Inhärenz (z. B. Fingerabdruck, Stimmerkennung) vor. Nähere Vorgaben zur starken Kundenauthentifizierung und eine sichere Kommunikation der Beteiligten werden von der European Banking Authority (EBA) in Form von technischen Regulierungsstandards „regulatory technical standards" (RTS) erarbeitet und von der Europäischen Kommission in Kraft gesetzt. Diese RTS, die auch mögliche Ausnahmen von der Anwendung der starken Kundenauthentifizierung enthalten, sind 18 Monate nach ihrem Inkrafttreten verpflichtend von den Zahlungsdienstleistern zu beachten.

STEP2

Bei STEP2 handelt es sich um ein Automated Clearing House für die Abwicklung des europäischen Massenzahlungsverkehrs. Das Leistungsangebot erstreckt sich auf die Abwicklung von SEPA-Überweisungen, SEPA-Lastschriften und SEPA-Kartenzahlungen. Die Verrechnung der Gegenwerte ausgetauschter Dateien erfolgt auf TARGET2. Eigentümer und Betreiber des STEP2-Systems ist die EBA CLEARING.

Stornierung

1. Rückbuchung (Stornobuchung).

2. Rückziehung eines Auftrages.

3. Rückbuchung von Gutschriften durch die Bank; Recht der Bank zur Stornierung.

Stornorecht

Recht der Bank, irrige Gutschriften (z. B. infolge Irrtums, Schreibfehlers etc.), für die kein entsprechender Auftrag vorlag oder Belastungen (Schecks, Lastschriften) mangels Deckung rückgängig zu machen (*Stornierung*). Das Stornorecht ist in den Allgemeinen Geschäftsbedingungen der Banken und Sparkassen (Nr. 8 und 9) vorgesehen; es steht selbstständig neben der Anfechtung wegen Irrtums (§ 119 BGB), ist an dessen Voraussetzungen, besonders an irgendwelche Fristen, nicht gebunden.

STP

Abkürzung für *Straight-through Processing*. Als Konzept der durchgehenden Daten-/Informationsverarbeitung wurde STP im Zuge der Fortentwicklung des europäischen Zahlungsverkehrs zunehmend als englischer Begriff für eine durchgängig automatisierte Verarbeitung von Zahlungsaufträgen vom Anfang bis zum Ende der Prozesskette geprägt (Interoperabilität). Voraussetzung hierfür ist eine Standardisierung von Verfahren auf europäischer Ebene – wie sie im Rahmen der Arbeit des European Payments Councils (EPC) erreicht und in Deutschland durch die Abkommen im Zahlungsverkehr der Deutschen Kreditwirtschaft (DK) umgesetzt wurde. Deshalb wurde im Zuge dieser Arbeiten an der Schaffung neuer europäischer Standards im Rahmen der Single Euro Payments Area (SEPA) gearbeitet. Die durch einheitliche Standards geschaffene Interoperabilität innerhalb von SEPA erlaubt ein STP sowohl im nationalen als auch grenzüberschreitenden Zahlungsverkehr.

SWIFT

Abkürzung für *Society for Worldwide Interbank Financial Telecommunication.*

1. *Begriff:* Von Finanzinstituten getragene Gesellschaft (in der Rechtsform einer Genossenschaft nach belgischem Recht; Sitz in La Hulpe bei Brüssel).

2. *Leistungen:* SWIFT betreibt ein internationales, hochverfügbares und sicheres Kommunikationsnetzwerk und bietet Produkte sowie Services, die es seinen Kunden ermöglichen, Finanznachrichten sicher und schnell untereinander auszutauschen. Die Operating Center befinden sich in den Vereinigten Staaten, in den Niederlanden und in der Schweiz.

Neben den Transaktionen des Zahlungsverkehrs werden über das SWIFT-Netzwerk auch Nachrichten im Zusammenhang mit Dokumentengeschäften, Devisengeschäfte und insbesondere auch Wertpapierhandelsgeschäften übermittelt. Zur Vermeidung von Missverständnissen und Auslegungsschwierigkeiten sind Adressen, Währungsbezeichnungen und Nachrichtentexte einer Normung unterworfen (international verständliche SWIFT-Standards). Deshalb erarbeitet SWIFT in enger Kooperation mit dem Finanzgewerbe Standards für den Nachrichtenverkehr. Es wurden Hunderte von Nachrichtentypen für den Datenaustausch definiert. Zu diesen SWIFT-Nachrichten gehören beispielsweise Interbank- und Kundenzahlungen, Deckungsanschaffungen aus Wertpapier- und Devisengeschäften sowie Kontoauszüge für gegenseitig unterhaltene Konten zwischen Kreditinstituten.

Systemrisiko

1. *Allgemein* die Gefährdung der Funktionstüchtigkeit der internationalen Finanzordnung aufgrund nicht mehr beherrschbarer Kettenreaktionen von Abwertungsspekulationen und Bankenzusammenbrüchen.

2. *Im Besonderen* das Risiko, das entweder infolge der Unfähigkeit eines Teilnehmers in einem Wertpapierabwicklungs- oder Zahlungsverkehrssystem seinen Verpflichtungen nachzukommen oder durch einen Fehler im System entsteht, und auch andere Finanzinstitute in Schwierigkeiten bringen kann.

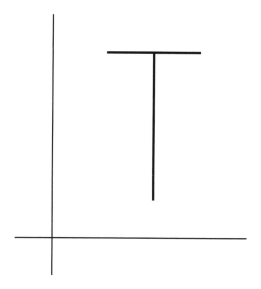

© Springer Fachmedien Wiesbaden GmbH, ein Teil von Springer Nature 2019
Springer Fachmedien Wiesbaden (Hrsg.), *250 Keywords Bankwirtschaft*,
https://doi.org/10.1007/978-3-658-23658-8_16

TARGET

Abkürzung für *Trans-European Automated Real-Time Gross-Settlement Express Transfer System.* TARGET war bis November 2007 das Echtzeit-Bruttozahlungssystem des Europäischen Systems der Zentralbanken (ESZB) – auf Englisch ausgedrückt: *Real-Time Gross-Settlement System* (RTGS-System). Es setzte sich als dezentral konzipiertes Zahlungssystem aus den Echtzeit-Bruttozahlungssystemen der nationalen Zentralbanken (NZB) fast aller EU-Mitgliedsstaaten und dem Zahlungsverkehrsmechanismus der Europäischen Zentralbank (EPM) zusammen. Mit der Schaffung von TARGET wurde zum 1.1.1999 eine wesentliche Voraussetzung für die Funktionsweise der supranationalen Euro-Geldpolitik geschaffen. Denn nur durch ein einheitliches Verfahren für die Verarbeitung grenzüberschreitender Zahlungen in Euro war es möglich, geldpolitische Impulse ohne Zeitverzögerung in die nationalen Zahlungskanäle zu schleusen. Neben der Dezentralität gilt mit der ebenfalls im EU-Vertrag verankerten Subsidiarität ein weiteres Prinzip, welches das Systemdesign von TARGET geprägt hatte. TARGET orientierte sich in seiner Struktur an einem dezentralen Korrespondenz-Zentralbankmodell; die nationalen RTGS-Systeme und der EPM waren über das Interlinking-System miteinander verknüpft. Das Interlinking-System bestand aus einem gemeinsamen, SWIFT-basierten Kommunikationsnetz (SWIFT) sowie weiterer, gemeinsam im ESZB vereinbarter Verfahren.

Nach der sukzessiven Inbetriebnahme einer neuen TARGET-Generation, TARGET2, wurde das „alte" TARGET-Verfahren Mitte Mai 2008 endgültig eingestellt.

TARGET Instant Payment Service (TIPS)

Um die Abwicklung von SCTInst (SEPA Instant Credit Transfer) zu erleichtern, stellt das Eurosystem ein neues Angebot auf seiner TARGET2-Plattform bereit. TARGET Instant Payments Settlement, kurz TIPS, soll das Settlement von Instant Payments in Zentralbankgeld sicherstellen.

Zusätzlich zu der ab November 2017 bereit stehenden Ancillary System Interface Schnittstelle in TARGET2 (ASI 6 real-time) wird TIPS ab November 2018 an jedem Tag des Jahres rund um die Uhr zur Verfügung stehen und damit die Einführung von Instant Payments in Europa maßgeblich unterstützen. TIPS soll außerhalb der TARGET2-Geschäftszeiten eine Öffnung auch in der Nacht und am Wochenende garantieren können.

TARGET2

1. *Entstehung:* Im Oktober 2002 wurden die Arbeiten im Eurosystem an einem neuen TARGET2-System aufgenommen. Obwohl sich das seit 1999 existierende TARGET-System in hohem Maße bewährt hatte und zum umsatzstärksten Zahlungssystem in Europa geworden war, hatten sich gewisse strukturelle Nachteile gezeigt. Insbesondere erschienen der dezentrale Aufbau und das Prinzip einer „Minimalharmonisierung" längerfristig unter Leistungs-, Kosten- und Stabilitätsgesichtspunkten wenig vorteilhaft. Zudem hatte die Europäische Kreditwirtschaft deutlich gemacht, dass sie eine einheitliche TARGET2-Plattform mit weitgehend harmonisierten Leistungsmerkmalen und technischen Schnittstellen präferiert, die ein effizientes Liquiditätsmanagement ermöglicht.

2. *Einführung und Teilnahme:* Das neue TARGET-System hat am 17.11.2007 seinen Betrieb aufgenommen. In insgesamt drei Länderfenstern haben sich zwischen November 2007 und Mai 2008 alle 16 Zentralbanken des damaligen Eurosystems einschließlich der EZB sowie fünf EU-Zentralbanken außerhalb des Euro-Währungsgebiets an die Gemeinschaftsplattform angeschlossen. Im Zuge der Erweiterung der EU sowie des Euro-Währungsgebiets sind sukzessive weitere Notenbanken hinzugekommen.

Mittlerweile sind neben den 20 Zentralbanken des Eurosystems auch die Notenbanken von Bulgarien, Kroatien, Dänemark, Polen und Rumänien angeschlossen. Die übrigen EU-Zentralbanken müssen sich TARGET2 spätestens dann anschließen, wenn in den jeweiligen Ländern der Euro als gemeinschaftliche Währung eingeführt wird.

3. *Ausgestaltung:* TARGET2 basiert auf einer einzigen technischen Plattform, die von der Deutschen Bundesbank, der Banca d'Italia und der Banque de France betrieben wird. In rechtlicher Hinsicht besteht TARGET2 aber aus einer Vielzahl von Systemen, die von der jeweiligen Zentralbank betrieben werden. Allerdings wurden die rechtlichen Bedingungen der

einzelnen Systeme soweit als möglich harmonisiert; Abweichungen sind nur zulässig, soweit zwingende Gründe der nationalen Rechtsordnung dies erfordern.

4. *Zielsetzungen:* Mit TARGET2 bietet das Eurosystem

(1) einen hohen Standardisierungsgrad und einheitlichen Leistungsumfang auf der Grundlage einer gemeinsamen technischen Plattform, womit gleiche Wettbewerbsbedingungen für die Finanzmarktakteure entstehen,

(2) einheitliche Preise für inländische und grenzüberschreitende Zahlungen,

(3) die Zuständigkeit der teilnehmenden Zentralbanken für die Geschäftsabwicklung mit ihren Kunden und

(4) die Möglichkeit für ein europaweites Liquiditätsmanagement.

TARGET2-Saldo

1. *Begriff:* Der TARGET2-Saldo ist entweder eine Forderung oder eine Verbindlichkeit einer nationalen Zentralbank gegenüber der Europäischen Zentralbank (EZB), die im Zuge der Abwicklung grenzüberschreitender Zahlungen über das Zahlungsverkehrssystem TARGET2 entstanden sind.

2. *Entstehung:* TARGET2 ist ein Zahlungsverkehrssystem, über das nationale und grenzüberschreitende Euro-Zahlungen in Zentralbankgeld schnell und mit sofortiger Endgültigkeit abgewickelt werden. Angeschlossen sind 24 nationale Zentralbanken (19 Eurosystem und 5 weitere europäische Notenbanken) sowie die EZB. Grundsätzlich nehmen die Geschäftsbanken in den an TARGET2 angeschlossenen Ländern über ihre jeweilige nationale Zentralbank an TARGET2 teil. Banken mit Sitz oder einer Zweigstelle innerhalb des Europäischen Wirtschaftsraums (EWR), deren Länder nicht an TARGET2 angeschlossen sind (z.B. Großbritannien), können bei nationalen Zentralenbanken des Eurosystems ein eigenes TARGET2-Konto führen. Banken außerhalb des EWR (z.B. USA) können über ihre Töchter in Ländern des Eurosystems oder im EWR Konten bei nationalen Zentralbanken eröffnen im Eurosystem und nehmen so auch an TARGET2 teil. Institute ohne Sitz oder eine Zweigstelle innerhalb des EWR können über andere direkte Teilnehmer an TARGET2 teilnehmen.

Die über TARGET2 abgewickelten grenzüberschreitenden Zahlungen spiegeln sich in den Bilanzen der nationalen Zentralbanken wieder. Fließen beispielsweise einer über die Bundesbank an TARGET2 teilnehmenden Geschäftsbank Gelder aus dem Ausland zu, führt dies bei der Bundesbank zu Verbindlichkeiten gegenüber dieser Geschäftsbank. Im Gegenzug entstehen innertägliche Forderungen der Bundesbank in gleicher Höhe gegenüber der nationalen Zentralbank der sendenden Geschäftsbank. Diese hat entsprechende Verbindlichkeiten gegenüber der Bundesbank und reduziert durch die Kontobelastung ihre Verbindlichkeiten gegenüber der sendenden Geschäftsbank.

Die durch eine Vielzahl von Transaktionen bei den nationalen Zentralbanken entstehenden innertäglichen Forderungen und Verbindlichkeiten gleichen sich normalerweise über den Tag nicht vollständig aus. Am Ende des Geschäftstages fungiert die EZB daher als zentraler Kontrahent: Alle bilateralen innertäglichen Forderungen oder Verbindlichkeiten unter den nationalen Notenbanken werden zu einer einzigen Forderung respektive Verbindlichkeit der jeweiligen Zentralbank gegenüber der EZB zusammengefasst (Novation). Die so entstehenden TARGET2-(Netto)-Salden sind das Ergebnis der grenzüberschreitenden Übertragung von Zentralbankgeld innerhalb des Eurosystems sowie der anderen angeschlossenen Notenbanken, die nicht Mitglieder des Eurosystems sind. Letztere können an TARGET2 nur auf Guthabenbasis teilnehmen. Sie weisen also immer Forderungen gegenüber der EZB aus.

Den Transaktionen, die zum Entstehen von TARGET2-Salden führen, können ganz unter-schiedliche Geschäfte zugrunde liegen. Denkbar sind unter anderem die Zahlung einer Warenlieferung, der Kauf oder Verkauf eines Wertpapiers, die Gewährung oder Rückzahlung eines fälligen Darlehens, die Geldanlage bei einer Bank und vieles mehr.

Über TARGET2 wird keine Liquidität geschaffen. Zentralbankgeld wird den Banken von ihrer Zentralbank hauptsächlich über Refinanzierungsgeschäfte und zudem über den Aufbau von Wertpapierbeständen sowie über Geschäfte in eigener Verantwortung der nationalen Zentralbanken zur Verfügung gestellt. Über deren Ausgestaltung in der EWU entscheidet der EZB-Rat im Rahmen seines geldpolitischen Mandats.

Die TARGET2-Salden sind nur ein Teil der Intra-Eurosystem-Forderungen bzw. –Verbindlichkeiten. Auch aus der jeweiligen Bargeldausgabe der nationalen Notenbanken können Forderungen oder Verbindlichkeiten gegenüber der EZB resultieren.

3. *Entwicklung und Risiken*: Bis 2007 glichen sich die grenzüberschreitenden Transaktionen in TARGET2 weitgehend aus, sodass es nicht zum Aufbau von TARGET2-Salden in größerem Umfang kam. Seit der Finanzkrise sind jedoch bedeutende positive und negative TARGET2-Salden bei einzelnen nationalen Zentralbanken entstanden. Über ihre Ursachen und Folgen sowie insbesondere über die damit verbundenen Risiken ist eine breite Diskussion entstanden.

Letztlich gehen die TARGET2-Salden auf Zahlungsbilanzungleichgewichte in mehreren EWU-Staaten zurück; dabei können sowohl Leistungsbilanzdefizite als auch Kapitalexporte des Privatsektors eine Rolle spielen. Während der Finanzkrise erfolgte der Liquiditätsausgleich zwischen Kreditinstituten am Geldmarkt nicht mehr in der gewohnten Weise. Manche Institute waren weitestgehend vom Markt abgeschnitten und nahmen Liquiditätshilfen durch die Notenbanken in Anspruch. Kurzfristig auftretende TARGET2-Salden bauten sich so nicht mehr vollständig durch private Kapitalflüsse ab.

Die allgemeine Entspannung an den Finanzmärkten infolge der Ankündigung des OMT 2012 führte zunächst zu allgemein sinkenden TARGET2-Salden.

In engen zeitlichen Zusammenhang mit den Wertpapierkaufprogrammen des Eurosystems kam es zu einem Wiederanstieg der TARGET2-Salden. Die technische Abwicklung der Wertpapierkaufprogramme hat dabei einen direkten Effekt auf die TARGET2-Salden. Kaufen die nationalen Zentralbanken Wertpapiere von Geschäftspartnern, die über eine andere nationale Zentralbank an TARGET2 teilnehmen, an so kommt es zwangsläufig zu einer grenzüberschreitenden Transaktion über TARGET2. Entscheidend für die Auswirkungen auf den TARGET2-Saldo sind neben der Wahl der kontoführenden nationalen Zentralbank, über die sich Geschäftspartner an TARGET2 anschließen, auch die bestehende TARGET2- Position der an der Transaktion beteiligten nationalen Zentralbank.

Sonstige grenzüberschreitende Transaktionen wirken weiterhin auf die Entwicklung der Salden ein, weshalb diese im Vergleich zu den kumulierten Wertpapiereinkäufen nicht linear und im gleichen Umfang steigen sowie sich deutlich volatiler entwickeln. Dem erneuten Anstieg der TARGET2 Salden liegen also andere Ursachen zugrunde und er ist weniger als Indikator für zunehmende Probleme im europäischen Finanzsystem zu sehen.

Risiken für Notenbanken resultieren zunächst aus Operationen, durch welche Zentralbankliquidität geschaffen wird (Hierzu zählen unter anderem Verluste bei der Verwertung von Sicherheiten und Zinsänderungsrisiken von angekauften Wertpapieren). Risiken aus den TARGET2-Salden können jedoch entstehen, wenn ein Land mit TARGET2-Verbindlichkeiten gegenüber der EZB die Währungsunion verlässt. In diesem Fall könnten abhängig vom Willen und der Fähigkeit des entsprechenden Landes, diese Verbindlichkeiten zu begleichen, bei der EZB als bilanzwirksame Verluste entstehen, die nach Kapitalanteilen auf alle verbliebenen Mitglieder der Währungsunion aufgeteilt würden. Die potentielle Risikoposition der Bundesbank ist demnach unabhängig von der Höhe des eigenen TARGET2-Saldos.

Entscheidend für eine mögliche Risikoposition sind die Höhe der TARGET2-Verbindlichkeit eines potentiell austretenden Landes und seine Fähigkeit, diese zurück zu zahlen. Die Bundesbank geht allerdings vom Fortbestand der Währungsunion in ihrer jetzigen Form aus.

TARGET2-Securities (T2S)

1. *Begriff:* Mehr als 15 Jahre nach der Euroeinführung existieren im Wertpapiernachhandelsbereich immer noch zersplitterte Strukturen, die im Ergebnis die grenzüberschreitende Wertpapierabwicklung in Europa unnötig erschweren und verteuern. Mit TARGET2-Securities (T2S) bietet das Eurosystem eine gemeinsame Abwicklungsplattform für Wertpapiergeschäfte für ganz Europa an. Damit wird die derzeitige Fragmentierung überwunden und wesentlich zur Vollendung des einheitlichen europäischen Marktes für Finanzdienstleistungen beigetragen. T2S ist eine Mehrwährungsinfrastruktur. Neben dem Euro wird ab 2018 auch die Abwicklung von Wertpapiergeschäften in Dänischer Krone angeboten. T2S wird

auf derselben Plattform betrieben werden, auf der bereits erfolgreich seit mehreren Jahren das Individualzahlungssystem TARGET2 läuft.

2. *Konzept:* Im Kern ist T2S eine zentrale vom Eurosystem betriebene technische Plattform, die durch Integration der Zentralbankgeld- und Wertpapierkonten eine effiziente Wertpapierabwicklung (Belieferung von Wertpapiergeschäften und deren geldliche Verrechnung) für ganz Europa in sicherem Zentralbankgeld ermöglicht. Die grenzüberschreitende Wertpapierabwicklung in Europa wird mit T2S somit genauso effizient und sicher wie dies bereits im derzeitigen nationalen Umfeld der Fall ist. T2S ist ein reiner Abwicklungsservice des Eurosystems für Zentralverwahrer und kein neuer pan-europäischer Zentralverwahrer. Alle anderen Geschäftsbereiche, wie beispielsweise die Verwahrung von Wertpapieren oder die Verwaltung von Kapitalmaßnahmen, verbleiben bei den Zentralverwahrern. Im Ergebnis trägt das Eurosystem mit Bereitstellung von T2S entscheidend zur Integration, Effizienz und Stabilität der europäischen Finanzmärkte bei.

3. *Auswirkungen/Implikationen:* Unter strukturellen Gesichtspunkten bricht das Eurosystem mit der Bereitstellung einer einzigen Infrastruktur für die Wertpapierabwicklung in Europa bisher national relativ abgeschottete Strukturen auf und fördert somit Innovation und Wettbewerb im gesamten europäischen Nachhandelsbereich. Ausschlaggebend für den Kunden wird künftig sein, wer das attraktivste Gesamtpaket an wertpapierbezogenen Dienstleistungen anbietet. Die technische Zentralisierung auf einer Plattform des Eurosystems ermöglicht zudem eine friktionslose integrierte Abwicklung aller Wertpapiertransaktionen in Europa in risikofreiem Zentralbankgeld, die Realisierung von Skalenerträgen und weiteren Einsparpotentialen aufgrund der möglichen Harmonisierung im Zuge von T2S. Die Ersparnisse bei den Abwicklungsgebühren dürften zwar zunächst eher im grenzüberschreitenden Bereich entstehen. Mittelfristig gibt es aber aufgrund des zunehmenden Wettbewerbs und der Skaleneffekte durchaus auch bei der nationalen Abwicklung Preisspielräume nach unten, sodass am Ende die Wertpapierabwicklung insgesamt wesentlich günstiger werden dürfte. Für die operativen Bereiche der Banken ergeben sich daneben weitere Einsparmöglichkeiten durch die Nutzung des einheitlichen europäischen Abwicklungsservice mit einheitlichen Schnitt-

stellen, einheitlichen Nachrichtenformaten und einem einheitlichen Abwicklungsprozess. Von zentraler Bedeutung sind die Möglichkeiten der Optimierung des Liquiditätseinsatzes bei den Banken, die sich aus der Integration von Geld- und Wertpapierkonten in T2S ergeben. Banken können ihre Wertpapierbestände stärker bündeln und auch die zur Abwicklung der Geschäfte benötigte Zentralbankliquidität auf einem einzigen Konto poolen.

Heute noch erforderliche Liquiditäts- und Sicherheitenpuffer für die Abwicklung in verschiedenen nationalen Märkten werden mit T2S obsolet. Zudem werden intelligente Optimierungsalgorithmen im T2S-Abwicklungsprozess sowie das breite Angebot der Selbstbesicherung von Wertpapiergeschäften den Liquiditätsbedarf und damit den Bedarf an Sicherheiten weiter reduzieren. T2S führt somit zu merklichen Ersparnissen an Zentralbankliquidität und Sicherheiten, die gerade im Zuge der Finanzkrise erheblich an Bedeutung gewonnen haben. Ferner entfallen die bisherigen Zeitverzögerungen infolge unterschiedlicher zeitlicher Abfolgen in den Abwicklungsprozessen der einzelnen Zentralverwahrer, sodass T2S auch die grenzüberschreitende Mobilisierung von Sicherheiten erleichtert. Im Ergebnis stehen mehr freie Sicherheiten zur Abdeckung bislang unbesicherter Risiken im Bankgeschäft zur Verfügung und damit wird T2S – als risikofreie Infrastruktur, die in risikofreiem Zentralbankgeld abwickelt – neue Maßstäbe für den gesamten Nachhandelsbereich setzen.

4. *Zeitplan:* Nach positivem Resultat verschiedenster Machbarkeitsstudien hat der EZB-Rat insbesondere vor dem Hintergrund der von Anfang an großen Unterstützung des Marktes im Juli 2008 entschieden, das Projekt T2S zu realisieren. Mit der Entwicklung und dem späteren Betrieb der Plattform wurden die Deutsche Bundesbank, die Banca d'Italia, die Banque de France und der Banco de España betraut. Nach der Unterzeichnung einer Absichtserklärung im Juli 2009 haben sich im Sommer 2012 nahezu alle Zentralverwahrer des Euro-Währungsgebiets verbindlich durch Vertragsunterzeichnung zur Teilnahme an T2S verpflichtet. Auch die Zentralverwahrer aus Dänemark, Ungarn, Rumänien und der Schweiz haben den T2S-Rahmenvertrag unterzeichnet. Damit findet nahezu die gesamte Wertpapierabwicklung des Euroraums künftig über T2S statt.

Nach Abschluss der Spezifikationsphase und der Entwicklungsarbeiten wurde der T2S Service eingehend getestet, zuerst intern im Eurosystem und ab Oktober 2014 mit allen Zentralverwahrern und Notenbanken gemeinsam. Die ersten Banken haben mit ihren Testaktivitäten im März 2015 begonnen. Am 22. Juni 2015 hat T2S seinen Betrieb mit den ersten vier Zentralverwahrern und ihren Kundengemeinschaften aufgenommen. In drei weiteren Migrationswellen sind sukzessive weitere Zentralverwahrer hinzugekommen, sodass mittlerweile 18 Zentralverwahrer und ihre Märkte den Abwicklungsservice von T2S nutzen. Die restlichen Zentralverwahrer werden im September 2017 im Rahmen der letzten regulären Migrationswelle ihr Abwicklungsgeschäft auf T2S verlagern. Zusammen mit den Zentralverwahrern sind auch die teilnehmenden Notenbanken des Eurosystems auf T2S migriert und haben unter anderem die für die Abwicklung benötigten Zentralbankgeldkonten für ihre Marktteilnehmer eröffnet.

Termindevisen

Per Termin fällige Auslandsguthaben; die häufigsten Fristen sind 30 und 90 Tage. Geschäfte mit Termindevisen können der Kurssicherung, der Arbitrage, der internationalen Devisenspekulation sowie Swap-Transaktionen (Swap) dienen.

Transaktionsbank

1. *Begriff:* Finanzinstitut, das bankbetriebliche Geschäftsvorfälle für Dritte, in der Regel die Abwicklung von Zahlungsverkehrs-, Kreditkarten-, Wertpapier- oder Kredit-/Darlehenstransaktionen verarbeitet (sogenanntes „white labeling"). In der engen Begriffsfassung unterstützen Transaktionsbanken den Geschäftsprozess vollständig mit Ausnahme von Beratung und Vertrieb für den Endkunden sowie von Aktivitäten, die das Eingehen eigener Handelspositionen notwendig machen würden. Damit erbringt eine Transaktionsbank die Leistungen des Wertschöpfungsprozesses, die auf die Vertriebsleistungen folgen, wiederholt anfallen und als industrieller Fertigungsprozess organisierbar sind. In der erweiterten Begriffsfassung umfassen die angebotenen Abwicklungsleistungen über reine Back-Office-Funktionen hinaus auch Front-Office-Funktionalitäten oder

Clearing-Funktionen.

2. *Entstehung:* Die Entstehung von Transaktionsbanken ist mit den Marktcharakteristika im Transaktionsbanking-Umfeld eng verbunden. Dieses Umfeld ist durch fünf Charakteristika geprägt:

(1) Kapitalintensität aufgrund hoher Investitionen und Kapitalbindung in IT-Systeme und deren Weiterentwicklung,

(2) Arbeitsintensität aufgrund einer nach wie vor verbesserungsfähigen Prozessintegration in den Arbeitsabläufen,

(3) Wissensintensität aufgrund fachlicher und technischer Anforderungen an die Mitarbeiterschaft,

(4) Risikokomplexität aufgrund zum Teil hoher inhärenter operativer Risiken sowie

(5) Druck zur Erzielung von Skalenerträgen und Stückkostendegression. Das Management und die Beherrschbarkeit der Branchencharakteristika sind die wesentlichen Motive für Auslagerungsüberlegungen der Finanzindustrie. Konsolidierung, Risikoteilung und Kostenmanagement werden als die wesentlichen Treiber für die Entstehung von Transaktionsbanken genannt.

3. *Entwicklung:* Der Zahlungsverkehrsmarkt als Markt mit dem höchsten Produkt- und Standardisierungsgrad ist im Sinne eines Transaktionsbanken-Marktes am weitesten entwickelt, gefolgt vom Wertpapierabwicklungsmarkt und mit einem weiteren Abstand auch vom Kreditabwicklungsmarkt. Doch die Veränderungsgeschwindigkeit ist in der Regel überschaubar: Vorbehalte bei den Entscheidern in den auslagernden Finanzinstituten hemmen die weitere Entwicklung. Die einzelwirtschaftlichen Vorbehalte beziehen sich auf den Verlust von Prozessbeherrschbarkeit und strategischer Kompetenz, die Bewältigung hoher Migrationskomplexitäten, aber auch auf vermutete Qualitätsdefizite bei den Transaktionsbanking-Anbietern sowie unterschätzte Produkt- bzw. Länderspezifika.

Transferrisiko

Währungsrisiko, das darin besteht, dass wegen behördlicher oder gesetzgeberischer Maßnahmen der Transfer bzw. die Konvertibilität *(Konvertierungsrisiko)* der vom Schuldner geleisteten Beträge infolge von Zahlungsstockungen unterbleibt oder hinausgeschoben wird. Im Warenverkehr mit dem Ausland ist das Transferrisiko abzusichern durch Transfergarantie.

Springer Fachmedien Wiesbaden (Hrsg.), *250 Keywords Bankwirtschaft*,
https://doi.org/10.1007/978-3-658-23658-8_17

Überbringerklausel

Vermerk auf einem Scheck hinter dem Namen des Zahlungsempfängers (Nehmers), gleichbedeutend mit Inhaberklausel. Die Überbringerklausel macht den Scheck zum Inhaberscheck.

Überweisung

Zahlungsinstrument, mit dem ein Kontoinhaber über seine Bank zulasten seines Kontoguthabens bzw. seiner vereinbarten Kreditlinie dem Begünstigten einen bestimmten Betrag auf dessen Konto zur Verfügung stellt.

Überweisungsauftrag

Bezeichnung für den Überweisungsvertrag vor Inkrafttreten des Überweisungsgesetzes 1999. Wird auch heute noch vielfach in der Bankpraxis verwandt.

Überweisungsgesetz

Die Überweisung beruhte bis 1999 auf allgemeinem Auftragsrecht bzw. Allgemeinen Geschäftsbedingungen der Banken für ihre Kunden bzw. Zahlungsverkehrsabkommen im Interbankenverhältnis.

Als Folge der EU-Transparenzrichtlinie von 1997 mussten die rechtlichen Verhältnisse im Zusammenhang mit der Überweisung angepasst werden. Seit 1999 wurden nach dem Überweisungsgesetz die rechtlichen Beziehungen der Beteiligten im Überweisungsverkehr speziell, d. h. als eigenständige Unterfälle des Geschäftsbesorgungsvertrages (§ 675 BGB) im Bürgerlichen Gesetzbuch geregelt.

Das Überweisungsgesetz wurde vom Gesetz zur Umsetzung der Verbraucherkreditrichtlinie, des zivilrechtlichen Teils der Zahlungsdiensterichtlinie sowie zur Neuordnung der Vorschriften über das Widerrufs- und Rückgaberecht v. 29.7.2009 (BGBl. I S. 2355) abgelöst (Zahlungsdienstegesetz).

Überweisungsverkehr

Giroverkehr; bargeldloser Zahlungsverkehr mittels Überweisung.

Arten:

(1) Überweisungsverkehr innerhalb eines Instituts (Hausüberweisung): Zahler und Zahlungsempfänger unterhalten bei demselben Kreditinstitut Konten.

(2) Überweisungsverkehr zwischen zwei Instituten bei gegenseitiger Kontoführung (unmittelbare Überweisung): Zahler und Zahlungsempfänger unterhalten ihre Konten bei zwei verschiedenen Kreditinstituten, die gegenseitig Konten führen und die Verrechnung über diese Konten vornehmen (Korrespondenzbanken).

(3) Überweisungsverkehr unter Einschaltung zentraler Stellen (mittelbare Überweisung): Der Zahler und der Zahlungsempfänger unterhalten ihre Konten bei zwei verschiedenen Kreditinstituten ohne gegenseitige Kontoverbindungen. Zum Clearing muss eine gemeinsame Verrechnungsbank (z. B. Girozentralen der Sparkassen) oder ein Clearing-System (Zahlungssystem z. B. der SEPA-Clearer der Bundesbank) eingeschaltet werden.

Überweisungsvertrag

Der Überweisungsvertrag in §§ 676a–c BGB a.F. wurde mit dem Zahlungsdienstegesetz durch den Zahlungsauftrag abgelöst.

Usancegeschäft

Zwei fremde Währungen gegeneinander, z. B. Japanische Yen – Schweizer Franken.

Valuta

1. Bezeichnung für *ausländische Währung.*

2. Ausdruck für *Valutierung* und bezeichnet im Bankwesen die Festsetzung des Datums, an dem eine Gutschrift oder Belastung auf einem Konto wirksam wird (Wertstellung).

3. Wert, Gegenwert.

Vereinfachter Scheck- und Lastschrifteinzug der Deutschen Bundesbank

In den Allgemeinen Geschäftsbedingungen (AGB) der Deutschen Bundesbank geregeltes Verfahren, mit dem die Deutsche Bundesbank für Kreditinstitute im Sinne des Art. 4 Nr. 1 der Richtlinie 2006/48/EG mit Bankleitzahl, die bei ihr ein Girokonto unterhalten, auf Euro lautende Zahlungsvorgänge aus dem beleglosen Scheckeinzug und dem imagegestützten Scheckeinzug sowie Einzugsermächtigungs- und Abbuchungsauftragslastschriften auf alle Orte des Bundesgebietes und zudem SEPA-Basislastschriften und SEPA-Firmenlastschriften auf alle Orte des SEPA-Raums einzieht.

Die Bundesbank nimmt auch Rückrechnungen von Zahlungsvorgängen aus dem beleglosen und dem imagegestützten Scheckeinzug sowie von Lastschriften zum Einzug herein, soweit sie nach den Zahlungsverkehrsabkommen oder den SEPA-Verfahrensregeln des EPC vorgesehen sind.

Vom Einzug ausgeschlossen sind Zahlungsvorgänge aus dem beleglosen oder dem imagegestützten Scheckeinzug, denen Schecks zugrunde liegen, die den Vermerk „Nur zur Verrechnung mit (folgt Firma)" tragen, deren Übertragung vom Aussteller durch die Worte „Nicht an Order" oder durch einen gleichbedeutenden Zusatz untersagt ist sowie die in der Codierzeile mit „BSE" bzw. „ISE" gekennzeichnet sind.

Verrechnungsscheck

1. *Begriff:* Scheck, bei dem durch den quer über die Vorderseite gesetzten Vermerk „nur zur Verrechnung" oder durch einen gleichbedeutenden Vermerk (z. B. „nur zur Gutschrift") untersagt ist, dass der Scheck in bar bezahlt wird (Art. 9 ScheckG). Der Vermerk kann von dem Aussteller und jedem Inhaber des Schecks handschriftlich, mittels Stempel oder Druck angebracht werden.

2. *Gutschrift:* Die bezogene Bank darf den Scheck nur im Wege der Gutschrift auf ein Konto des Inhabers, Überweisung des Betrages auf das Konto eines anderen Bankkunden, Ausgleichung im Abrechnungsverkehr oder Aufrechnung einlösen.

3. Da das Verbot der Barauszahlung nur gegen den Bezogenen wirkt, kann ein *Zwischenerwerber* den Scheck auch in bar bezahlen. Er ist aber zu eingehender Prüfung der Persönlichkeit und der Berechtigung des Inhabers verpflichtet.

4. *Wirkung/Bedeutung:* Durch dieses Verfahren wird der Missbrauch von Verrechnungsschecks durch Nichtberechtigte erschwert, da jederzeit feststellbar ist, wem der Scheck gutgeschrieben wurde. In der Praxis wird der weitaus größte Teil der Schecks als Verrechnungsscheck ausgestellt.

Mit zwei quer über den Barscheck angebrachten parallelen Linien, wird dieser nicht zum Verrechnungsscheck, sondern zum gekreuzten Scheck.

Bankbestätigter Verrechnungsscheck: Seit 1998 sind bankbestätigte Verrechnungsschecks als Sicherheitsleistung bei der Abgabe von Geboten in der Bietzeit eines Zwangsversteigerungsverfahrens zulässig. Der Scheckaussteller muss ein zum Betreiben von Bankgeschäften berechtigtes Kreditinstitut sein. Der Scheck muss darüber hinaus im Inland zahlbar und die Vorlegungsfrist (4 Tage) darf nicht abgelaufen sein. Dabei wird ein Samstag mitgezählt.

Verschlüsselung

Anwendung kryptographischer Verfahren zur Gewährleistung der Vertraulichkeit und der Integrität der Daten und im weiteren Sinne der Authentifizierung des Absenders von Daten, damit kein Unberechtigter die Daten einsehen oder manipulieren kann.

Vier-Parteien-System

Die Abwicklung von Kartenzahlungen erfolgt in der Regel in Drei- oder Vier-Parteien-Systemen. Im Gegensatz zum Drei-Parteien-System liegen die Aufgaben für Aquiring und Issuing in Vier-Parteien-Systemen bei unterschiedlichen Unternehmen und sind getrennt vom Kartenscheme selbst. Ein Vier-Parteien-System umfasst folgende Stakeholder:

a) Issuer;

b) Acquirer;

c) Kartenbesitzer;

d) Kartenakzeptanten (Händler).

Die Rolle des Issuers bzw. Acquirers übernehmen Kreditinstitute und spezialisierte Zahlungsdienstleister, die dafür Lizenzen von den entsprechenden Kartenorganisationen erwerben müssen.

Virtuelle Währung

Eine digitale Darstellung von Werten, die nicht von einer Zentralbank, einem Kreditinstitut oder einem E-Geldinstitut herausgegeben wird, die aber unter bestimmten Umständen als Alternative zu Geld dienen kann. Virtuelle Währungen, auch digitale Währungen genannt, können unterschiedlich ausgestaltet sein. In der Konzeption spielen dabei häufig fest definierte, mathematische Regeln eine große Rolle. Solange virtuelle Währungen von keinem Staat als gesetzliches Zahlungsmittel anerkannt sind, leitet sich ihr Wert ausschließlich aus dem Vertrauen in ihre freiwillige Akzeptanz ab.

Aus den Medien sind vor allem Bitcoin und Ripple als virtuelle Währungen bekannt. Dabei gehört Bitcoin zu den ältesten auf der Blockchain-Technologie basierenden virtuellen Währungen. Das System wurde erstmalig 2008 in einem White Paper erwähnt. Seitdem wurden zahlreiche virtuelle Währungen – häufig in Anlehnung an Bitcoin – geschaffen. Es ist lange Zeit die am höchsten kapitalisierte virtuelle Währung, die jedoch mitunter sehr hohen Wertschwankungen unterliegt. Aus diesem Grund wird Bitcoin häufig vor allem als Spekulationsobjekt gesehen.

Visa

Ist ein Verbund von Banken und Sparkassen mit weltweit 1,2 Mrd. ausgegebener Karten (Stand: Juni 2015). Die Dachorganisation Visa gibt selbst keine Karten aus, die Kartenemission erfolgt ausschließlich durch Mitgliedsinstitute. Die Visa-Karte mit institutsindividueller Ausprägung dient zur bargeldlosen Bezahlung von Waren und Dienstleistungen, Bargeldbeschaffung oder Nutzung von automatisierten Kassen des Handels. Verfügt werden kann sowohl in klassischer Form durch Vorlage der Karte und Unterzeichnung des Leistungsbeleges, als auch an elektronischen Ladenkassen und Geldausgabeautomaten in Verbindung mit Eingabe der Identifikationsnummer (PIN) und nachfolgender positiver Autorisierung der Autorisierungszentrale. Visa bietet drei Abrechnungsformen an:

(1) *Debitfunktion:* Belastung des verfügten Betrages innerhalb der nächsten Tage;

(2) *Charge-Funktion:* Monatliche Belastung der verfügten Summe;

(3) *Kreditfunktion:* Rückführung der verfügten Beträge in vereinbarter Form.

Vordatierung

Angabe eines mit dem Tag der Ausstellung nicht übereinstimmenden späteren Datums etc.

1. *Vordatierung von Schecks:* Erfolgt in der Regel, weil der Aussteller z.Z. der Ausstellung nicht über ein ausreichendes Guthaben verfügt. Um der missbräuchlichen Vordatierung des Schecks als Kreditpapier entgegenzuwirken, ordnet Art. 28 II ScheckG an, dass der vordatierte Scheck auch dann am Tage der Vorlegung zahlbar ist, wenn dieser Tag noch vor dem Ausstellungsdatum liegt.

2. *Vordatierung von Druckwerken:* Impressum.

Vorlegungsvermerk

Die schriftliche, datierte Erklärung des Bezogenen auf dem Scheck oder die datierte Erklärung einer Abrechnungsstelle (in der Regel getrennt vom Original des Schecks), die den Tag der Vorlegung angibt und vermerkt, dass der Scheck rechtzeitig, d. h. innerhalb der gesetzlichen Vorlegungsfrist, eingeliefert, aber nicht bezahlt worden ist. Der Vorlegungsvermerk stellt die Zahlungsverweigerung fest und hat gleiche Wirkung wie der Protest (Scheckprotest), der heute aufgrund der höheren Kosten kaum noch vorkommt.

Währungskonto

Fremdwährungskonto, Devisenkonto; Bankkonto, das in einer ausländischen Währung geführt wird. Gebietsansässige und Gebietsfremde dürfen im Rahmen der währungsrechtlichen Vorschriften bei Kreditinstituten in der Bundesrepublik Deutschland Währungskonten unterhalten. Verfügungen über Guthaben auf solchen Konten werden unter Einbeziehung von Banken im Heimatland der Währung abgewickelt, wenn sie die Bank nicht vollständig im eigenen Haus ausführt. Ihre Fremdwährungsverbindlichkeiten wird die Bank durch Gutschrift auf dem Konto des Kunden in dieser Währung erfüllen.

Währungsscheck

Scheck, der auf fremde Währung lautet. Der Währungsscheck wird dem Einreicher in der Regel auf Währungskonto gutgeschrieben oder in bar in Landesoder Fremdwährung ausgezahlt.

Wallet

Hard- und/oder Software, die entweder direkt Geldbeträge eines Nutzers elektronisch speichert oder aber Zugang zu einem online geführten Zahlungskonto gewährt. Mittels einer Wallet können Zahlungen z. B. am POS, zwischen Personen oder im Onlinehandel ausgeführt werden.

Warenvorschüsse

Die dem Warenhandel, besonders im Auslandsgeschäft, gegebenen Kredite von Banken; kurzfristige Kredite gegen Verpfändung bestimmt bezeichneter, marktgängiger Waren.

Wertorientierte Gesamtbanksteuerung

Die wertorientierte Gesamtbanksteuerung stellt klar den Shareholder Value in den Vordergrund der Banksteuerung und damit eine Abkehr beispielsweise von reiner Volumensorientierung dar.

Im Rahmen der wertorientierten Gesamtbanksteuerung ist jegliche bankbetriebliche Tätigkeit an einer konsequenten Wertorientierung im Sinne einer Optimierung des Shareholder Values auszurichten. Dabei gilt eine explizite Integration von Rentabilitäts- und Risikokriterien als Inbegriff einer modernen Gesamtbanksteuerung. Rentabilität und Risiko müssen hierbei als untrennbar verbunden gelten. Schlagend werdende Risiken beeinflussen die Bankrentabilität einerseits in der Regel negativ, andererseits ist das gezielte Eingehen von Risiken Voraussetzung dafür, um eine angemessene Performance überhaupt zu ermöglichen. Die Vorschriften der Bankenaufsicht und der speziellen Bankgesetze sollen sicherstellen, dass Kreditinstitute ihre Risiken dabei hinreichend begrenzen und Sorge für eine den eingegangenen Risiken gegenüber adäquate Eigenmitteldeckung tragen. Dies kann nur auf Ebene der Gesamtbank erfolgen. So unterstreicht beispielsweise die zweite Säule in Basel II die Notwendigkeit des Aufbaus einer funktionstüchtigen Gesamtbanksteuerung explizit.

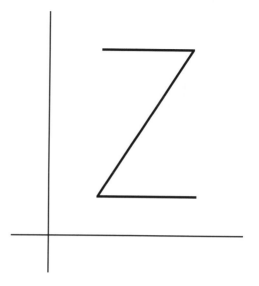

© Springer Fachmedien Wiesbaden GmbH, ein Teil von Springer Nature 2019
Springer Fachmedien Wiesbaden (Hrsg.), *250 Keywords Bankwirtschaft*,
https://doi.org/10.1007/978-3-658-23658-8_18

Zahlung

1. *Allgemein:* Unter einer Zahlung versteht man grundsätzlich die Übertragung einer Geldforderung durch einen Zahlungspflichtigen auf eine Partei, die vom Begünstigten anerkannt wird.

2. *Rechtlich:* Übereignung einer bestimmten Menge Geldes, meist (aber nicht immer) zwecks Erfüllung einer Geldschuld. Zahlung nach dem Gesetz nur durch gesetzliche Zahlungsmittel möglich; der Gläubiger muss sich eine andere Art der Zahlung gefallen lassen, wenn sie der Verkehrssitte entspricht, z. B. durch Scheck oder durch Überweisung.

Zahlung an *Ladenangestellte* wirkt im Allgemeinen schuldtilgend, nicht aber die an *Handlungsreisende* (§§ 55 f. HGB).

Zahlungsauftrag

Unter Zahlungsauftrag nach § 675f III 2 BGB ist jeder Auftrag zu verstehen, den ein Zahler seinem Zahlungsdienstleister zur Ausführung eines Zahlungsvorgangs entweder unmittelbar oder mittelbar über den Zahlungsempfänger erteilt. Der Zahlungsauftrag ist grundsätzlich eine einseitige Anweisung des Zahlers gegenüber dem Zahlungsdienstleister innerhalb eines Zahlungsdiensterahmenvertrags. Lediglich bei einem Einzelzahlungsvertrag behält der Zahlungsauftrag wie der alte Überweisungsvertrag (§§ 676a-676c BGB a.F.) seinen Charakter als Vertrag zwischen Zahler und Zahlungsdienstleister.

Zahlungsauslösedienst

Zahlungsauslösungsdienst ist ein Dienst, bei dem auf Veranlassung des Zahlungsdienstnutzers ein Zahlungsauftrag in Bezug auf ein bei einem anderen Zahlungsdienstleister geführtes Zahlungskonto ausgelöst wird. Zahlungsauslösedienst wird mit der Überarbeitung der Zahlungsdiensterichtlinie als Zahlungsdienst definiert. Ein Zahlungsauslösedienst ermöglicht den Zugang zu einem online geführten Zahlungskonto, das bei einem anderen Zahlungsdienstleister geführt wird. Der Zahlungsauslösedienstleister kann sich auf die Authentifizierungsverfahren des kontoführenden Zahlungsdienstleisters stützen. Ein Vertrag zwischen dem Zahlungsauslösedienstleister und dem kontoführenden Zahlungsdienstleister ist dazu nicht erforderlich; Vorgaben für die sichere Kommunikation und die Schnittstelle zwischen den beteiligten Zahlungsdienstleister enthalten die „Regulatory Technical Standards on Strong Customer Authentication and common and secure communication under Article 98 of Directive 2015/2366 (PSD2)" der EBA, die voraussichtlich im 1. Halbjahr 2019 in Kraft treten werden.

Zahlungsdienstleister

Institut, das befugt ist, Zahlungsdienste anzubieten. Dies sind gemäß § 1 Absatz 1 Zahlungsdiensteaufsichtsgesetz (ZAG):

a) Einlagenkreditinstitute im Sinne des Artikels 4 Absatz 1 Nr. 1 der Verordnung (EU) Nr. 575/2013, die im Inland zum Betrieb zugelassen sind, sowie die Kreditanstalt für Wiederaufbau, sofern sie Zahlungsdienste erbringen,

b) E-Geld-Institute im Sinne des Artikels 1 Absatz 1 Buchstabe b und des Artikels 2 Nummer 1 der Richtlinie 2009/110/EG, die im Inland zum Geschäftsbetrieb zugelassen sind, sofern sie Zahlungsdiente erbringen,

c) der Bund, die Länder, die Gemeinden und Gemeindeverbände sowie die Träger bundes- oder landesmittelbarer Verwaltung einschließlich der öffentlichen Schuldenverwaltung, der Sozialversicherungsträger und der Bundesagentur für Arbeit, soweit sie außerhalb ihres hoheitlichen Handelns Zahlungsdiente erbringen,

d) die Europäische Zentralbank, die Deutsche Bundesbank sowie andere Zentralbanken in der Europäischen Union oder den anderen Staaten des Abkommens über den Europäischen Wirtschaftsraum, soweit sie außerhalb ihrer Eigenschaft als Währungsbehörde oder andere Behörde Zahlungsdienste erbringen und

e) Unternehmen, die gewerbsmäßig oder in einem Umfang, der einen in kaufmännischer Weise eingerichteten Geschäftsbetrieb erfordert, Zahlungsdienste erbringen, ohne unter a) bis d) zu fallen (Zahlungsinstitute).

Zahlungsinstitut

Gemäß § 1 Absatz 1 Nr. 1 Zahlungsdiensteaufsichtsgesetz (ZAG) ein Unternehmen, das gewerbsmäßig oder in einem Umfang, der einen in kaufmännischer Weise eingerichteten Geschäftsbetrieb erfordert, Zahlungsdienste auf Basis einer schriftlichen Erlaubnis der Bundesanstalt für Finanzdienstleistungsaufsicht gemäß § 10 ZAG oder auf Basis des „europäischen Passes" gemäß § 39 ZAG erbringt.

Zahlungsinstrumente

Veraltet: Instrumente, die einem Zahlungspflichtigen zur Verfügung stehen, um Zahlungsmittel zu übertragen, insbesondere Überweisung, Lastschrift, Scheck, Debit- und Kreditkarten.

Neudefinition durch die Richtlinie über Zahlungsdienste im Binnenmarkt im ZAG: Zahlungsinstrumente sind personalisierte Instrumente oder Verfahren, mit denen der Zahlungsdienstnutzer Zahlungsaufträge erteilen kann (wie z. B. Debit- und Kreditkarten).

Zahlungskarte

1. *Begriff:* Zahlungskarte ist eine Ausweiskarte, die den Inhaber berechtigt, bei den an den Zahlungsverfahren angeschlossenen Vertragsunternehmungen Rechnungen ohne Bargeld zu begleichen.

2. *Arten:*

a) *Nach der Liquiditätswirkung für den Karteninhaber*

(1) Echte Kreditkarte;

(2) Chargekarte;

(3) Debitkarte.

b) *Nach dem Einsatzbereich:*

(I) Internationale Zahlungskarten, z. B. Mastercard, Karten von American Express, Diners Club, Visa;

(2) nationale Zahlungskarten, z. B. Bankkundenkarten (girocard), Kundenkarten von Handels- und Dienstleistungsunternehmen.

c) *Nach dem Speichermedium:*

(1) Magnetstreifenkarte;

(2) Chipkarte;

(3) Hybridkarte, bei der neben einem Magnetstreifen zusätzlich ein Chip implementiert ist.

Zahlungsmittel

1. *Rechtlich:* Geldforderung, die im Wirtschaftsverkehr als Tilgung von Geldschulden und in der Regel auch als allg. Tauschmittel akzeptiert wird. Die Zahlungsmitteleigenschaft können bestimmte Finanzaktiva gewohnheitsmäßig oder kraft Gesetzes (sogenannte *gesetzliche Zahlungsmittel*) erlangen. Die vom Eurosystem emittierten Banknoten sind im Eurowährungsgebiet unbeschränkt gesetzliche Zahlungsmittel, d. h. jeder Gläubiger einer Geldforderung muss Eurobanknoten in unbegrenztem Umfang als Erfüllung seiner Forderung akzeptieren. Bei Euro- und Centmünzen ist die Annahmepflicht auf maximal 50 Münzen und betragsbezogen auf 200 Euro begrenzt.

Im *Interbankenverkehr* gibt es üblicherweise Zentralbankgeld als Zahlungsmittel, soweit nicht Bankengeld in Form von Giroguthaben bei Verrechnungsbanken im Settlement akzeptiert wird.

2. *Volkswirtschaftlich:* Teil des Finanzvermögens mit der Eigenschaft, im Wirtschaftsverkehr zur Tilgung von Geldschulden und in der Regel auch als allgemeines Tauschmittel akzeptiert zu werden (perfekte Zahlungsmittel). Die Zahlungsmitteleigenschaft können bestimmte Finanzaktiva gewohnheitsmäßig oder kraft Gesetzes erlangen. Im letzten Fall spricht man von gesetzlichen Zahlungsmitteln. In Deutschland sind die vom Eurosystem in Umlauf gebrachten Banknoten und Münzen gesetzliche bzw. beschränkt gesetzliche Zahlungsmittel. Zu den perfekten Zahlungsmitteln zählt heute das Giralgeld, da es in der Regel kraft Treu und Glaubens im Zahlungsverkehr angenommen werden muss. In Zeiten zerrütteter Währungsverhältnisse – wie in Deutschland nach dem Ersten und dem Zweiten Weltkrieg – kann es zu einer Trennung der Zahlungsmittel- und Tauschmitteleigenschaft des staatlichen Geldes kommen.

Zahlungsportal

Angebot eines Dienstleisters, das – zumeist via Internet – den Zugang zu einem oder mehreren Vielzahl Zahlungsinstrumenten (besonders Lastschrift, Überweisung, Zahlungskarte) ermöglicht. Zahlungsportale wickeln Zahlungen bei Geschäften im E-Commerce für die ihnen angeschlossenen Händler ab. Händler können ihre Kunden für Onlinezahlungen auf die Website des Zahlungsportals umlenken. Nach erfolgreich abgewickelter Zahlung benachrichtigt das Portal den Händler, dass die Ware versendet werden kann. Beispiele: Zahlungsauslösedienste, Wallet-Dienste.

Zahlungsverkehr

1. *Begriff:* Summe aller Zahlungsvorgänge zwischen Wirtschaftssubjekten innerhalb einer Volkswirtschaft (nationaler Zahlungsverkehr) oder zwischen verschiedenen Volkswirtschaften, d. h. unterschiedlichen Währungsgebieten (Auslandszahlungsverkehr).

2. *Arten:*

a) *nach dem verwendeten Zahlungsmedium:*

(1) Barer Zahlungsverkehr (Barzahlung);

(2) bargeldsparender Zahlungsverkehr (halbbarer Zahlungsverkehr);

(3) unbarer Zahlungsverkehr (bargeldloser Zahlungsverkehr).

b) *nach der Verwendung von Belegen:*

(1) Beleggebundener Zahlungsverkehr;

(2) belegloser Zahlungsverkehr (elektronischer Zahlungsverkehr).

c) *nach der Dringlichkeit und Abwicklung* der Zahlung in Individualzahlungsverkehr und Massenzahlungsverkehr.

Zahlungsverkehrssystem

1. *Begriff:* Allgemein ist ein Zahlungsverkehrsystem eine Infrastruktur, um Zahlungsmittel vom Zahlungspflichtigen auf den Zahlungsempfänger zu übertragen. Ein Zahlungsverkehrssystem umfasst die Abwicklung im Interbankenverkehr (Clearing) und die Verrechnung zwischen den Teilnehmern der Zahlungskette (Settlement). Die EG-Richtlinie über die

Wirksamkeit von Abrechnungen in Zahlungs- und Wertpapierabwicklungssystemen (98/26 EG) zielt auf die Verringerung des Systemrisikos ab. In Art. 2 dieser Richtlinie wird ein „System" hier als förmliche Vereinbarung definiert, die – ohne Mitrechnung einer etwaigen Verrechnungsstelle, zentralen Vertragspartei oder Clearingstelle oder etwaiger indirekter Teilnehmer – zwischen mindestens drei Teilnehmern getroffen wurde und gemeinsame Regeln und vereinheitlichte Vorgaben für die Ausführung von Zahlungs- bzw. Übertragungsaufträgen zwischen den Teilnehmern vorsieht.

2. Arten:

a) *Nach der Verrechnung der Zahlung:* In Nettozahlungssystemen werden eingehende und ausgehende Zahlungen gegeneinander aufgerechnet, sodass die Teilnehmer im System letztlich nur den positiven bzw. negativen Saldo erhalten bzw. einzahlen. Nettozahlungssysteme gibt es mit bilateralem oder multilateralem Netting, je nach dem, ob die Salden zwischen zwei oder mehreren Teilnehmern aufgerechnet werden. Nettozahlungssysteme wirken liquiditätsschonend, da nur der – üblicherweise am Tagesende – verbleibende Saldo verrechnet wird. Aber die Zahlungen sind erst nach dem Ausgleich des Saldos endgültig, wodurch ein Rückabwicklungsrisiko mit negativen Auswirkungen auf die anderen Teilnehmer entsteht (Domino-Effekt) und eventuell der Zusammenbruch der gesamten Verrechnung droht (Systemrisiko). Dieses Risiko vermeiden Bruttozahlungssysteme, da dort jede Zahlung im Tagesverlauf sofort ausgeführt und endgültig verrechnet wird. Sie binden jedoch viel Liquidität. Hybridsysteme kombinieren die Merkmale von Brutto- und Nettozahlungssystemen, um sowohl das Domino-Risiko als auch die Liquiditätshaltung zu verringern.

b) *Nach der Bedeutung der Systeme für die Stabilität des Finanzsystems:* Ein Zahlungssystem gilt als bedeutsam für die Stabilität des Finanzsystems (Systemically Important Payment System (SIPS)), wenn eine unzureichende Risikoabsicherung des Systems zur Folge haben könnte, dass bei einer Störung innerhalb des Systems weitere Störungen bei den Systemteilnehmern oder systemweite Störungen im Finanzsektor ausgelöst oder weitergegeben werden könnten. Die Bedeutung für die Finanzmarktstabilität wird – neben der Verrechnung – v. a. durch die Höhe und die Art der einzelnen Zahlungen oder ihren Gesamtwert bestimmt.

Auch Massenzahlungssysteme können systemisch wichtig sein. Im Rahmen seiner Überwachungsaufgabe nimmt das Eurosystem eine entsprechende Klassifizierung vor.

Zahlungsverkehrsüberwachung

Tätigkeit, die in der Regel von Zentralbanken übernommen wird und im allgemeinen öffentlichen Interesse steht. Sie zielt generell darauf auf ab, die Sicherheit und Effizienz von Zahlungs- und Verrechnungssystemen zu fördern und dabei vor allem das Systemrisiko zu vermindern. Die Überwachung von Finanzmarktinfrastrukturen – Zahlungsverkehrssystemen, Zentralverwahrern, zentralen Kontrahenten sowie Transaktionsregistern – ist für die Finanzmarktstabilität von erheblicher Bedeutung, da ein einheitlicher Geldmarkt und eine effiziente Liquiditätsallokation in einem Währungsgebiet auf leistungsfähige, sichere und effiziente Zahlungs- und Verrechnungssysteme angewiesen ist. Somit wird durch die Überwachung auch der Transmissionskanal der Geldpolitik überwacht. Meilensteine in der Entwicklung der Zahlungsverkehrsüberwachung waren die Berichte des Ausschusses für Zahlungsverkehrs- und Abrechnungssysteme über Mindestanforderungen an Nettozahlungssysteme (Lamfalussy-Standards/1990) und über Grundprinzipien für Zahlungsverkehrssysteme, die für die Stabilität des Finanzsystems bedeutsam sind (Core Principle Report/2001).

In diesen beiden Berichten finden sich auch die Instrumente zur Umsetzung der Zahlungsverkehrsüberwachung. Neben der Analyse von Entwicklungen im Zahlungsverkehr gehören dazu besonders das Aufstellen von Prinzipien und Mindestanforderungen sowie die Förderung der Finanzmarktstabilität durch umfassende Notfallmaßnahmen im Kreditsektor. Der Basler Ausschuss für Zahlungsverkehr und Marktinfrastrukturen (Committee on Payment and Market Infrastructures: CPMI) und die Internationale Vereinigung der Wertpapieraufsichtsbehörden (International Organization of Securities Commissions: IOSCO) haben zudem weitere Standards für die Überwachung von Finanzmarktinfrastrukturen erarbeitet. Seit April 2012 bilden die „Prinzipien für Finanzmarktinfrastrukturen" die Grundlage für die Überwachung.

Die bisher für diese Finanzmarktinfrastrukturen geltenden internationalen Standards werden durch die 24 Prinzipien vereinheitlicht, deutlich verschärft und um neue Aspekte erweitert. Sie werden ergänzt um fünf Grundsätze für die Beaufsichtigung durch und die Zusammenarbeit von Behörden und Zentralbanken („Responsibilities"). Diese Grundsätze wurden entwickelt, weil einerseits die Überwachungsfunktion einer Zentralbank und die Finanzaufsicht unterschiedliche Ausrichtungen haben, andererseits aber Überschneidungen zwischen beiden Funktionen bestehen. Neben den bereits aufgeführten Infrastrukturen umfassen die Überwachungsaktivitäten auch Zahlungsinstrumente wie z. B. Zahlungskarten, das Korrespondenzbankgeschäft von Banken sowie wichtige Anbieter von Dienstleistungen für Infrastrukturen und Banken, wie etwa den Anbieter von Kommunikationsdiensten SWIFT. Bankenaufsichtsbehörden und Zentralbanken (als Überwacher des Zahlungsverkehrs) arbeiten sowohl auf nationaler als auch auf europäischer Ebene eng zusammen.

Zahlungsvertrag

Der Zahlungsvertrag nach § 676d-e BGB a.F. war ein Vertrag zwischen Kreditinstituten zur Durchführung einer Überweisung. Der neue Abschnitt zu den Zahlungsdiensten (§§ 675c-676c BGB) konkretisiert diesen Vertrag nicht mehr, sodass er nunmehr als Anwendungsfall eines Geschäftsbesorgungsvertrags nach § 675 I BGB einzuordnen ist.

Zentraler Kreditausschuss (ZKA)

Im Zentralen Kreditausschuss (ZKA) sind seit 1932 die fünf Spitzenverbände der deutschen Kreditwirtschaft (Bundesverband der Deutschen Volksbanken und Raiffeisenbanken e.V., Bundesverband deutscher Banken e.V., Bundesverband Öffentlicher Banken Deutschlands e.V., Deutscher Sparkassen- und Giroverband e.V. und Verband deutscher Pfandbriefbanken e.V.) zusammengeschlossen.

Seit August 2011 ist Die Deutsche Kreditwirtschaft (DK) der neue Name für den Zusammenschluss der fünf kreditwirtschaftlichen Spitzenverbände in Deutschland. Er löste die bisherige Bezeichnung Zentraler Kreditausschuss ab.

Zinstender

1. *Begriff:* Tenderverfahren einer Zentralbank, bei dem deren Geschäftspartner Betrag sowie Zinssatz des Geschäfts bieten, das sie mit der Zentralbank tätigen wollen.

2. *Zuteilungsverfahren:* Bei Zinstendern kann die Zentralbank die Zuteilung
entweder zu einem einheitlichen oder zu mehreren Zinssätzen vornehmen. Bei der Zuteilung zu einem einheitlichen Bietungszinssatz (holländi-
sches Verfahren) erfolgt die Zuteilung bei allen zum Zuge kommenden
Geboten zum marginalen Preis bzw. Zinssatz (d. h. demjenigen Zinssatz,
bei dem der gesamte Zuteilungsbetrag ausgeschöpft wird). Bei einer Zuteilung nach dem amerikanischen Zuteilungsverfahren erfolgt die Zuteilung zu den individuell gebotenen Preisen bzw. Zinssätzen.

Printed in the United States
By Bookmasters